Der Mörder bricht den Wanderstab

Urlaubs-Krimis

Herausgegeben von Leo P. Ard

grafit

Inhalt

Annette Gilles

Sonnenflecken

Mia schraubt ihre Estée Lauder-Sonnenmilch, Schutzfaktor 18, langsam zu. Eigentlich albern, daß sie sich damit überhaupt in die Sonne legt. Faktor 18! Da konnte sie doch gleich drinnen bleiben, in der Pianobar unten im Hotel zum Beispiel, wo das Licht so hübsch dezent ist, daß man nicht gleich jede Falte und jeden Krähenfuß sieht.

Aber die Luft ist eben nicht so gut in der Bar. Der Rauch. Macht alt. Genau wie die Sonne hier oben am Pool.

Vorsichtig, damit die Sonnenbrille nicht verrutscht, die sie sich ins Haar geschoben hat, hebt sie den Kopf. Dagmar und Christa liegen im Schatten. Sehr vernünftig. Dabei müssen die noch gar nicht so aufpassen mit ihrer Haut. Dagmar ist 35, Christa wird im Herbst 38. Mia ist 46, aber man sieht es ihr nicht an. Sie tut etwas für sich. *Walking, Callanetics,* leichtes Hanteltraining bei *Giacomo* im Studio und natürlich die ganzen Hautgeschichten. Massagen, Peeling, Masken.

Der Gedanke an die schwabbeligen Weiber in der LTU-Maschine entsetzt Mia immer noch. Ein Frauenkegelclub. Wohl die letzten Groschen zusammengespart für die zwei Wochen Palma de Mallorca. Halali zum Aufriß. Grauenhaft. Fettige Haut, aufgedunsen, blaß und bleich und borstig, einfach ekelhaft. Nie wird ihr das passieren, nie. Nächstes Mal, das nimmt Mia sich fest vor, fliegen sie Linie. Das Geld ist überhaupt kein Thema, schließlich sind sie alle drei gut verheiratet oder gut geschieden oder gut versorgt. »Aber muß man deshalb das Geld gleich mit beiden Händen zum Fenster rausschaufeln?« hat Dagmar gemeint, als sie den Urlaub vor drei Wochen geplant haben, bei Christa auf der Terrasse in Bogenhausen.

An der Pool-Bar klimpert der Keeper mit ein paar Eiswürfeln im Glas. Mia riskiert einen Blick. »Einen Caipirinha bitte!«

Er nickt mit einem Samtlächeln. Erinnert etwas an Tom Cruise, ein bißchen muskulöser vielleicht. Schöne braune Haut. Er balanciert ihren Caipirinha auf einem Tablett heran. Mia zieht den Bauch ein, ganz flach, damit sich zwischen ihren Beckenknochen diese Mulde bildet und reckt das Kinn, das strafft Hals und Dekolleté.

Das könnte etwas werden mit dem Knaben. Genau richtig ist der. Als er zu seiner lächerlichen Bar zurückgeht, taxiert sie seinen Hintern, klein und fest, ein griechisch-römischer Speerwerferarsch.

Neben ihr schieben sich Dagmar und Christa mit ihren Liegen heran.

»Nicht schlecht.« Dagmar grinst dem Speerwerfer unter ihrer *Ray Ban-Wayfarer*-Sonnenbrille nach. »Schon gebucht?«

»Mhh«, macht Mia unbestimmt. Sehr fair von Dagmar. Kein Getue. Mia muß nur ja sagen, dann ist der Speerwerfer für Dagmar und Christa tabu. Keine kindischen Rangeleien, aus dem Alter sind wir ja wohl heraus. Von diesen Knaben ist so wieso einer wie der andere, junge Hengste, die auf ein Lächeln und einen langen Blick anspringen, weil sie wissen, was da läuft. Es funktioniert immer. Bis jetzt hat es immer funktioniert ... Mia wischt den Gedanken weg.

Die Sonne ist jetzt angenehm, schmeichelt der Haut, brennt nicht. Mit den Carotin-Kapseln und dem Vorbräuner, dem Bronzing Gel und der After Sun Lotion heute abend nach dem Duschen gibt das diesen wunderschönen Goldton, den Mia so liebt.

In der Schule war sie immer die Braunste, wenn sie aus den Ferien kamen. Nahtlos, zum Neid ihrer Freundinnen mit den käsigen Bikinistreifen. Sobald im Frühling die ersten Sonnenstrahlen ein bißchen Kraft hatten, lag sie auf dem Balkon, warm in eine Decke eingepackt, aber die nackten Arme, das Gesicht und das Dekolleté der Sonne zugewandt. Sie ist der Typ des 'California Girl', mit ihren langen Haaren, die in der Sonne sofort ausbleichen, mit dieser herrlichen zur Bronze changierenden Haselnußhaut. Sonne ist Gesundheit und Leben, hat ihr Vater gesagt. Und natürlich Sex, aber das hat sie alleine herausgefunden. Die Jungs waren hinter ihr her, kriegten nicht genug von ihrer festen, glatten, gebräunten Haut. Auch Jürgen fuhr von Anfang an darauf ab, damals, als er sie ansprach, während sie in der Mittagspause vor dem Bürohaus auf der Wiese saß, das Gesicht mit geschlossenen Augen der Julisonne entgegengereckt. Er arbeitete bei dem Wirtschaftsprüfungsunternehmen drei Stockwerke über der Versicherung, bei der Mia Schadensfälle registrierte, und war gerade zum *Junior Manager* befördert worden. Jürgen, der Sonnenkönig.

Heute ist er *Senior Partner* und verdient eine halbe Million im Jahr. In den ersten Jahren spürte sie genau, wie geil er auf sie wurde, wenn sie ihm ihre Haut zeigte. Das ärmellose weiße Sommerkleid, bei dem ihre Schultern und das Dekolleté so richtig zur Geltung kamen. Mein Gott, auf dem Sommerfest im Tennisclub konnte er sich nicht mehr beherrschen und hat sie in die Umkleidekabinen gedrängt. Wenn Mia im Winter verblaßte, ließ auch Jürgens Interesse nach. Bis sie dann die Sonnenstudios entdeckte, die damals gerade aus dem Boden schossen. Turbobräuner, UV-A und UV-B-Bestrahlung, Gesichtsbräuner.

Später schaffte sie sich dann eine eigene Sonnenliege an, aber da hatte Jürgen schon angefangen, sich mit diesen jungen Dingern abzugeben. Mia sah sie manchmal im Tennisclub, wie sie sich eilig verdrückten, wenn Mia zufälligerweise mal vorbeischaute, um sich mit Christa oder Dagmar zu treffen. Dralle, pralle, braune Mädel, zehn, fünfzehn Jahre jünger als er. Mia fand es einfach geschmacklos.

Dann kam der Schock, als sie entdeckte, wie ihre Haut alterte. Ganz plötzlich. Wurde welk. Fältchen, Falten, Flecke. Pigmentstörungen, meinte der Arzt. Sie war gerade 30, als sie es zum ersten Mal bemerkte. Mia fühlte sich wie gelähmt, und es dauerte Jahre, bis sie sich damit abfand, daß sie nicht für immer jung bleiben würde. Sie hatte sich gerade daran gewöhnt, den Gedanken zu akzeptieren, als der zweite Schub kam. Da war sie vierzig, und ihr graute vor dem nächsten Stadium des Verfalls, das unweigerlich kommen würde.

Mia rekelt sich. Wohlig. Die Sonne steht jetzt tiefer, sehr angenehm, nicht mehr so brennend. Sie spürt das Kribbeln. Soll Jürgen doch seinen Kindersex machen. Sie blinzelt zu dem Keeper. Ja, er ist gebucht. Dagmar und Christa werden sich was anderes suchen müssen. Und nächstes Mal fliegen sie Linie. Unglaublich, diese Proletenweiber. Die Zoten, mit denen sie den Steward angemacht haben. Kein Stil, genau wie Jürgen. Er schläft kaum noch mit ihr, aber damit kann sie leben, seit sie mit Dagmar und Christa einmal im Jahr in die Sonne fliegt. Da bekommt sie dann, was sie haben möchte.

Viel besser und schöner als von Jürgen, der jetzt auch schon langsam aus der Form gerät. Im Grunde, denkt Mia, bin ich gar nicht so weit von den Proletenweibern aus dem Charterflieger weg. Aber egal.

Ein paar Stunden später läuft Mia mit Dagmar und Christa in der Pianobar unten im Hotel ein. Frisch geduscht, eingecremt, parfümiert und geschminkt. Sie fühlt sich sicher, der Duft von *Giorgio Beverly Hills* macht sie sexy, sie drückt die Schultern nach unten, spannt die Gesäßmuskeln und schiebt das Becken leicht nach vorn, bis ihre Haltung perfekt und der Körper straff ist.

Dagmar und Christa entern die Barhocker, Mia sieht sich kurz um. Der Pianist (ganz passabel), zwei Rolex-Djangos (muß es auch geben), ein ziemlich sentimentaler Barhocker mit silbergrauen Schläfen (absolut kein Thema) und drei, vier Pärchen. Ziemlich dürftiges Jagdrevier für Christa und Dagmar. Beim Abendessen vorhin hat Mia ihnen gesagt, daß der Tom Cruise mit dem Speerwerferarsch ihr gehört. Er steht hinter der Bar und schüttelt etwas in seinem Shaker, um es dann für Dagmar und Christa einzugießen. Mia nimmt auf dem Hocker Platz, zieht eine extralange Zigarette aus ihrem *Tiffany*-Etui und wartet auf das Feuerzeug.

Christa hat die Olive aus ihrem Drink aufgespießt und

nagt das Fleisch vom Kern. Ihre Blicke kleben an dem Keeper. »Sagen Sie uns doch, wie Sie heißen!«

Mia räuspert sich. Noch ein Wort, und ich bringe dich um. Christa blinzelt ihr zu. Dagmar schlürft ihr Glas leer und macht: »Mhhh!«

Endlich flammt das Feuerzeug vor Mias Zigarette auf. »Sorry, gnädige Frau!«

Ganz cool, der Goldjunge. Mia mag das. Er heißt Charles, sagt er. Wohl doch eher Carlo, aber egal. Er empfiehlt Mia einen *Sidecar,* und das ist dann wieder in Ordnung. Ein Klassiker, kein Schnickschnack, wie ihn der Typ letztes Jahr veranstaltet hat. Champagner ohne Ende und Komplimente aus der Sonderangebotskiste.

Als er den *Sidecar* serviert, schaltet Mia voll auf Angriff. Sie hat ihr Lächeln unter Kontrolle, weiß, wie es wirkt, wenn sie den Kopf leicht neigt, ein bißchen schräg, die Augenbraue leicht angehoben. Das funktioniert immer, da kann Christa noch so sehr mit ihrem leeren Glas spielen.

Irritiert sieht Mia zu, wie Charles Christa einen frischen Drink eingießt. Was stimmt da nicht? Auf ihr Gefühl hat sie sich doch bisher immer verlassen können. Auf diese Schwingungen, die sie so zuverlässig empfängt, den Sex, der in der Luft liegt, wenn sie ihre Nummer abzieht.

Christa, dieses Miststück. Irgendwas läuft doch da ab.

Dagmar kichert hinter ihrem Glas. Mia mustert Charles kurz mit nackter Neugier. Die unglaublich langen Wimpern, helle, braune Augen, dichtes, schwarzes Haar, glatte, gutgebräunte Haut, alles sehr attraktiv. Er wird doch nicht etwa schwul sein?

Christas aufgedrehter Tonfall geht ihr auf die Nerven. Laß ihn in Ruhe, du Schlampe, oder es passiert was. Mia sieht sich selbst im Barspiegel, die steile Falte zwischen den Brauen, der scharfe, schmale Mund.

»Ist was?« fragte Dagmar.

Mia schüttelt den Kopf und sieht Charles tief in die Augen. Aber da ist nichts, kein Widerhall, gar nichts. »Ich habe nur gerade an eine Szene aus einem Film gedacht«, sagt Mia leichthin und beugt sich zu Charles vor. »Und ich bin sicher, daß Sie, mein Freund, so etwas auch auf Ihrer Karte haben.«

Charles lächelt routiniert und hebt die Augenbrauen.

»Ich meine die Szene in 'Neuneinhalb Wochen'«, gurrt Mia und zwingt seinen Blick, bei ihr zu bleiben, »wo er ihr die Augen verbindet und sie mit den schnuckeligen Häppchen füttert.« Mias Herz pocht. Sie stürzt ihren *Sidecar* hinunter, ohne den Barmann aus den Augen zu lassen. Sie ahnt, wie Dagmar und Christa sich jetzt ansehen, und sie weiß, daß diese Anmache keinen Stil hat, aber sie will es jetzt wissen. »Genau so etwas hätte ich jetzt gern.«

»Aber natürlich, gnädige Frau!« sagt Charles trocken, rückt mit kurzem Griff seine Fliege zurecht und greift nach Mias Tuch. »Ich darf doch?«

Mia entspannt, lacht kurz und trocken auf. Gewonnen, jetzt hab ich dich, Bürschchen. Deine ganze Flirterei mit Christa hat nichts zu bedeuten.

Unter seinem Griff gleitet das Seidentuch von ihren Schultern, er zieht es wie bei dem abgedroschenen Zaubertrick durch die Faust der anderen Hand, knüllt es zusammen und tupft sacht seine Nase hinein, mit geschlossenen Augen. Na also. Deine Wimpern, gleich werde ich sie küssen. Sie spürt das Pochen im Bauch und das flaue Ziehen in ihrer Brust. Charles wendet sich von Mia ab, lächelt Christa an und hat ihr mit einer schnellen Bewegung die Augen mit Mias Tuch verbunden.

Wie in Zeitlupe nimmt Mia wahr, wie er flink eine Olive aufspießt, eine grüne Olive mit Paprika, und sich vor Christa mit den Ellenbogen auf die Bar stützt. Er pustet ihr eine blonde Locke aus der Stirn. Christa wiegt den Kopf in dem warmen Atem. Dann rollt er die Olive sanft über ihre Unterlippe, hin und her, hin und her. Christa schnappt danach, bekommt sie mit den Zähnen zu fassen, zieht sie in den Mund, fängt lustvoll an zu kauen.

Ich bring sie um! Ich bringe sie einfach um. Mia steht auf, ihr ist schwindelig. Sie hält sich an der Theke fest. Ihr Kopf dröhnt.

»Mia?« Dagmar klingt erschrocken.

Mia schafft es, ihr Lächeln zu halten, bis sie auf der Toilette vor dem Waschbecken steht. Sie hebt den Kopf und sieht sich im Spiegel. Okay, okay. Ganz ruhig.

Sie kneift die Augen zusammen. Weiß der Teufel, warum Christa sich auf einmal nicht mehr an ihre Verabredung hält. Aber gut, soll sie ihren Spaß haben. Ich gehe da jetzt wieder rein und bringe es hinter mich. Setze mich hin, lache und flirte, und um halb zwölf bin ich müde und gehe aufs Zimmer. Mia spürt ihre Rückenmuskeln ganz hart. Nein, so schnell geht das nicht, Christa. Nicht so schnell. Ich schaffe das. Ihr Atem wird flacher, und sie starrt ihr Spiegelbild an, schüttelt das Haar aus, erneuert den Lippenstift. So ist es gut.

Die drei stecken gerade die Köpfe zusammen, als sie wieder herauskommt. Charles fährt mit der Hand zur Innentasche seines Smokings. Christa lacht zu laut. Wahrscheinlich hat sie ihm ihre Zimmernummer aufgeschrieben.

»Öde«, sagt Christa gedehnt, als Mia sich wieder setzt.

»Was?« fragt Dagmar.

»Öde hier.« Christas Blick schweift über den Pianospieler und die Silberlocke am Ende der Bar.

Mia zieht eine neue Zigarette aus dem *Tiffany*-Etui und schiebt sie sich zwischen die Lippen. Da zuckt auch schon eine Flamme vor ihren Augen auf. Charles mustert sie unter seinen langen schwarzen Wimpern hindurch. »Ich darf doch?«

Wie hypnotisiert blickt Mia in das lodernde Gelb.

»Gerne.« Sie raucht, sieht ihn an, die eine Hand unter dem Kinn. Er erwidert ihren Blick, warm und trocken. Lächelnd kommt er näher, lehnt sich vor, schiebt seinen Kopf fast neben ihren.

»Du«, sagte er leise, und sie spürt seinen Atem in ihrem Haar, »du bist eine geile Stute. Ich seh das.«

Mia atmet schwer und sucht mit der Hand Halt an der Messingstange der Bar. Es ist auf einmal glühend heiß in der Bar. Christa hockt mit Dagmar kichernd bei der Silberlocke.

Endlich. Aus dem Weg.

Charles lehnt am anderen Ende der Bar und flüstert mit dem Pianospieler. Er sieht zu Mia herüber. Der Pianospieler nickt und kommt hinter die Bar.

»Wollen wir?« Charles ist wieder zu Mia herübergekommen. »Enrico springt für mich ein.«

Mia sieht im Spiegel die Gier in ihrem Gesicht, sie wendet sich ab. »Okay.«

Er kommt nur ein paar Schritte hinter ihr aus der Bar, folgt ihr zum Fahrstuhl. Sie hört ihn, sieht sich aber nicht um. Sie fährt zuerst hoch und wartet vor dem Lift, bis er kommt. Er folgt ihr zu ihrem Zimmer. Vor der Tür drückt sie ihm ihren Schlüssel in die Hand. Er schließt auf, und sie folgt ihm in den Raum. »Zieh dich aus!«

Danach liegt Mia mit geschlossenen Augen da. Zittert noch leicht. Das war gut. Herrgott, war das gut. Was du mit mir gemacht hast, war jede Sekunde die Szene wert, die du da unten gemacht hast. Ich bin jung, denkt Mia und streicht sich über den glatten Bauch. Ich gehöre immer noch dazu, obwohl ich älter bin als Christa und Dagmar. Typisch für die beiden, daß sie sich an diesen Greis rangeschmissen haben.

Das war ein geiles, grausames Spiel, was er mit ihr ge trieben hat. Hat sie aufs Bett gedrückt, gewinselt hat sie, vorhin, als sie unter ihm lag. Sie, die sonst immer die Haltung bewahrt. Ihn hat es auch gepackt, sie hat es gespürt, da kann ihr niemand etwas vormachen. Dieser junge, harte Männerarsch hat ihr gehört.

Sie hört es rascheln und sieht, wie er sich aus dem Bett schwingt. Gleitet in seine Klamotten. Sie richtet sich auf, stützt sich auf den Ellenbogen.

»Na?« sagte er leise. »Geht's dir gut?«

Mia spürt die Tränen aufsteigen und nickt.

»Ich muß wieder in die Bar.« Er kramt in ihren Sachen, findet das *Tiffany*-Etui, nimmt zwei Zigaretten heraus, gibt ihr eine, bricht bei seiner den Filter ab, zündet sie beide an.

»Lieb von dir.«

Er macht die Tür zum Balkon auf und tritt hinaus. Steht am Geländer und raucht. Mia schlüpft in ihren Bademantel und geht zu ihm. Die Hotelterrasse drei Stockwerke unter ihnen ist leer, das Mondlicht blinkt im Wasser des Pools. Der Wind ist sanft auf ihrer Haut. Glatte, junge Haut. Mia fühlt sich wohl.

»Hier.«

Sie starrt auf den Umschlag, den er aus dem Smoking gezogen hat.

»Nächstes Mal brauchen mir deine Freundinnen kein Geld zu geben, daß ich mit dir komme.«

Mia zittert kurz, aber das liegt an dem kühlen Windstoß. Unten im Hotel kreischt eine Frau. Mia schmiegt sich an Charles, stellt den Fuß zwischen das Geländer und sein Bein, und dann stemmt sie sich mit beiden Händen gegen seine Brust, so daß er über das Geländer kippt. Er schreit nicht mal im Sturz, rudert nur mit den Armen und macht ein komisches Geräusch, als er unten auf die Terrasse knallt.

Michael Koglin

Das Knirschen von Sand und Gerippen

Sonntags, gleich nachdem das Wasser der Nachmittagsflut abgelaufen ist, sitze ich gewöhnlich im *Pesel,* trinke mein Bier und starre durch die Scheiben auf das Meer.

Auch an diesem Sonntag sah ich die rote Boje, die draußen auf den Wellen tanzte, Wolkenfetzen zogen vorbei und ballten sich am Horizont zu einer grauen Masse. Es war Herbst, die Jahreszeit, in der wir Halligbewohner warten.

Ich dachte an den Graben, der ausgebessert werden mußte, an das kranke Schaf und ob ich nach den Feiertagen den Tierarzt auf dem Festland anrufen sollte. Ich dachte an das nächste Land unter, daran, daß die Fenster besser abgedichtet werden mußten, an die noch nicht ausreichenden Sandsäcke in der Scheune. Nichts Besonderes ging mir also durch den Kopf.

Das Paar am Nebentisch bemerkte ich erst, als Anna, die Wirtin, wie immer zu laut und wie immer zu schrill, auf die Beiden einredete.

Nein, sie hätte nochmal ihren Mann gefragt, aber alle Betten seien winterfest verstaut, die Fremdenzimmer mit Terrassenstühlen vollgestellt und überhaupt, auf Besucher sei man jetzt nicht eingestellt.

»Nachsaison«, sagte sie und rollte mit den Augen. Drüben auf dem Festland sollten sie es doch mal versuchen. Da hätte sie eine Telefonnummer, nicht mehr als dreißig Mark würde ihr Schwager für das Zimmer nehmen.

Der Mann nickte verständnisvoll. Sie sagte nichts, betrachtete nur Anna, deren Gekreische keinen Widerspruch zuließ. Jedes Bedauern ein Vorwurf.

Ich wollte mich gerade wieder meinem Bier und dem Blick durch die Scheiben zuwenden, da hörte ich ihn sagen:

»Laß uns zurückfahren. Du siehst, es hat keinen Zweck. Wir können das alles doch auch in Hamburg besprechen.«

Sie sagte: »Und eine andere Hallig?«

Der Mann sagte: »Zu spät«, zuckte die Achseln und trank einen Schluck Kaffee aus seiner Tasse. Merkwürdig, er wirkte zufrieden.

Er war jünger als sie, wesentlich jünger. Mochte so knapp fünfzig sein und sie weit in den Sechzigern. Er trug einen gefütterten Anorak. Seine verschwitzten Haarsträhnen streifte er sich immer wieder nach hinten. Dabei nickte er stumm.

Die Frau erinnerte mich an meine Lieblingsschauspielerin. Haare straff nach hinten gekämmt und mit einem Band zu einem Zopf zusammengehalten, der Haaransatz streng, leicht gewölbte Stirn, die Nase gerade, die Augen ein Paar angebrochener Spiegel. Ja, so hätte Romy Schneider ausgesehen, wenn sie noch zwanzig Jahre gelebt hätte.

Vielleicht war es ihre trotzige Traurigkeit, vielleicht ihre Ähnlichkeit mit Romy Schneider – heute weiß ich nicht mehr, was mich dazu brachte, sie anzusprechen.

Ich drehte mich mit dem Glas in der Hand zu ihnen um.

Eine ausgebaute Dachkammer hätte ich zu bieten, frische Bettwäsche sei auch da, und wenn sie denn schon mal unbedingt bleiben wollten, na dann könnten sie es sich ja überlegen. Nur Bettenmachen, das müßten sie schon selbst erledigen.

»Mit Blick auf das Meer?« fragte sie.

Ja, ein Fenster sei vorhanden, entgegnete ich, und wo auf der Hallig ein Fenster sei, da gebe es auch den Meerblick, der ließe sich gar nicht vermeiden.

»Ich weiß nicht«, meinte er.

Sie war sofort einverstanden. Dreißig Mark verlangte ich für die Übernachtung und sagte, daß sie sich Zeit lassen sollten, auch ich würde erstmal in Ruhe mein Bier austrinken. Sie strahlte mich an und bestellte einen Pharisäer.

Draußen zog sich das Meer zurück, hinterließ einen breiter werdenden Streifen aus Schlick und Tümpeln. Priele schlängelten sich durch das Watt, Silbermöwen und Fischer durchpflügten den Schlick nach Krebsen und Würmern.

Anna warf mir wütende Blicke zu. Das Trinkgeld des Pärchens steckte sie mit einem spitzen »Danke« in ihre Schürze. Ich nahm die Tasche der Frau, und dann machten wir uns auf den Weg zu meiner Warft.

»Wissen Sie, es ist überaus wichtig, daß wir ein paar Tage bleiben können«, sagte sie. Ich hatte nur mit einer Übernachtung gerechnet und überschlug im Kopf meinen Vorrat an Brot und Kaffee.

»Wird es Sturm geben?« fragte er.

Ich lachte. Mit Sicherheit sei das nicht zu sagen, aber es sähe nicht danach aus. Sie sollten sich keine Sorgen machen. »Notfalls werden wir mit dem Hubschrauber direkt vom Dach abgeholt.«

Kurz vor dem Haus stellten sie sich vor.

»Hellmann«, sagte er, »wir heißen Hellmann. Das war sehr freundlich von Ihnen.«

Ich erwiderte ein »Selbstverständlich« und daß man sich hier mitten in der Nordsee helfen müsse, war dann aber doch enttäuscht, als wir vor meiner Warft standen. Ich bin es gewöhnt, daß Spaziergänger in Entzückensschreie ausbrechen. Wegen der Schafe davor, den Kühen oder weil sich Panda, mein Kater, auf der Bank vor dem Haus sonnt. Er liegt fast immer da. Außer in der Nacht, da kämpfen wir um die Bettdecke.

Panda streckte sich gelangweilt in der Herbstsonne, aber sie sagten nichts, standen nur hinter mir, warteten darauf, daß ich die Haustür öffnete.

Geräuschvoll zog sie die Salzluft durch die Nase.

Bis zu diesem Zeitpunkt hielt ich sie für ganz normale Städter, doch schon in der ersten Nacht verließen sie das Haus.

Es war vielleicht gegen zwölf Uhr, als ich sie hörte. Draußen gab es in dieser stern- und mondlosen Nacht nichts, was einen vor die Tür locken konnte. Aber was wußte ich schon davon, was Gäste so in der Nacht treiben? Eine Taschenlampe müssen sie sich mitgebracht haben, dachte ich, dann schlief ich ein.

Vielleicht zwei Stunden später weckten mich die quietschenden Türangeln. In meinen Ohren dröhnte der Lärm, den zwei Menschen verursachen, die sich bemühen, leise eine hundert Jahre alte Treppe hinaufzusteigen. Sie kicherte wie ein junges Mädchen. Er zischte sie an. Auch ihre Stimme wurde schneidend. Die beiden schienen Streit zu haben.

»Ich mache dir keinen Vorwurf«, sagte sie. »Schließlich bin ich eine alte Frau, und dann diese Krankheit ...«

»Was hat das damit zu tun?«

»Es ist gut so. Allerdings wirst du ohne mein Geld auskommen müssen.«

»Aber ich will mich doch gar nicht trennen.«

»Aber ich will es jetzt«, sagte sie.

Von draußen drang ein helles Knirschen in das Haus. Es war das Geräusch der Halligen. Der vom Meer aufgewühlte Sand scheuerte die Gerippe blank. Es sind immer die Orte, die den Menschen machen. Die Orte machen die Musik, und die Musik auf den Halligen ist das Knirschen von Sand und Gerippen und das Brüllen des Meeres. So viele Knochen, die da im Schlick einander reiben, die sich zurechtlegen und wieder vom Meer unterspült werden und sich erneut zurechtlegen müssen. Das ertrunkene Vieh, die Sturmfluten, die sich Land und Menschen und Tiere herausgebissen haben, all das kann man hören. Manchmal wird ein Gerippe angespült.

Ich fragte mich, was meine Besucher draußen gesucht hatten. Mit aufkommendem Südwestwind schlief ich ein.

Am nächsten Morgen erschienen sie sehr früh in der Veranda. Für mich war es ungewohnt, Gäste zu bekochen, doch es machte mir Spaß. Der Graben konnte warten.

Hellmann wirkte noch fahriger beim Zurückstreifen seiner Strähnen als Tags zuvor.

»Ich hoffe, wir haben Sie nicht geweckt«, sagte sie. Mit einem schelmischen Romy-Lächeln machte sie mir Komplimente: »Der Kaffee ist ausgezeichnet.«

Schon an diesem ersten Morgen zog sie mich auf eine magische Art an.

»Danke«, erwiderte ich. Hellmann musterte mich stumm und mit vorwurfsvoller Miene. Ich machte, daß ich in die Küche kam. Panda kratzte an der versperrten Verandatür.

Ich kümmerte mich um mein Vieh, warf Heu in die Pferdeboxen und melkte meine drei Kühe. Dem kranken Schaf spritzte ich Antibiotika.

Mein Kater Panda beobachtete mich neugierig. Es schien ihm nicht zu passen, daß Besucher Unordnung ins Haus brachten, womöglich seine Sonnenbank belegten oder den Zutritt zur Veranda versperrten. Panda hatte etwas gegen versperrte Türen.

Während der Arbeit sah ich, wie sie zum Meer hinunterspazierten. Hellmann gestikulierte mit den Armen, sie schlang den Schal ein zweites Mal um den Hals, schüttelte dann mit dem Kopf. Er versuchte, sich bei ihr unterzuhaken, sie zog ihren Arm weg. Dann sah es aus, als würde er sich mit einem Schwall aus Worten rechtfertigen.

Am Abend klopfte Hellmann an meine Tür. Er entschuldigte sich für die nächtliche Störung. Nichts dabei denken sollte ich mir.

Ich winkte ab.

Er fragte, ob ich eine stärkere Glühbirne hätte, sie wollten sich Fotos anschauen. Ich ging in die Kammer, kramte eine Birne aus dem Regal und wollte mit ihm die Treppe hinaufsteigen.

»Bemühen Sie sich nicht«, sagte er und nahm mir die Birne aus der Hand. Auf der Treppe drehte er sich noch einmal um. »Glauben Sie, daß es Sturm gibt?«

Ich erklärte, das könne man nie wissen, das braue sich manchmal sehr plötzlich zusammen, aber es sehe nicht danach aus. Das war der zweite Abend.

So verliefen die ersten fünf Tage. Beim Frühstück wechselte ich mit Romy Hellmann zwei bis drei Sätze. Dann brachen sie zu einem Spaziergang auf, hockten anschließend im Zimmer, um mitten in der Nacht erneut über die Hallig zu streifen. Manchmal hörte ich ihre dunkle Stimme und das Krächzen ihres Mannes.

Jeden Abend fehlte etwas. War es erst die Glühbirne, fragte Hellmann mich am dritten Abend nach einem Strick, am vierten nach Gummistiefeln und am fünften nach einer Seekarte.

Ich schaffte alles herbei und warnte vor eigenmächtigen Wattwanderungen. Ansonsten wurde kaum gesprochen.

Dabei sind wir es, die wortkarg geschimpft werden. Unbeholfene Schweiger seien wir Halligbewohner, heißt es, geschlagen mit einer gediegenen Grämlichkeit. Klar, wenn man gegen den Lärm des Meeres anbrüllen muß, wenn man sich im Laufe der Jahre die Ohren taubgeschrien hat, dann geht man vorsichtig um mit den Worten; aber so gar nichts sagen?

Romys blasse Wangen bekamen Farbe, und sie lachte auch öfters. Es schien, als würde sie ihren Mann immer weniger beachten, ihn ertragen wie einen lästigen Begleiter.

Dann kam der sechste Tag. Ein kräftiger Nordwest zog auf. Windböen bis elf. Das Kreischen der Möwen war nicht mehr zu hören, und über dem Meer sprühte die Gischt. Ich brachte das Vieh in den Stall.

Ab Windstärke zehn läuft in meinem Kopf ein Film. Als Zehnjähriger mußte ich mit meinen Eltern die Hallig verlassen. Hubschrauber gab es damals noch nicht. Wir kletterten aufs Dach, die Husumer Wasserwerke hatten einen Seenotkreuzer versprochen. Unter uns schlug das Wasser an die Mauern, drückte sich durch den Türspalt.

Der Ton zu diesem Film ist das Brüllen der Kühe und Pferde, die unter uns in ihren Boxen ersoffen. Mein Vater preßte die Hände auf die Ohren, wollte hinunter, die Tiere erschießen, doch ein Nachbar, der sich zu unserer etwas höher gelegenen Warft gerettet hatte, hielt ihn zurück.

Als mein Vater sich losreißen wollte, schlug er ihn bewußtlos. Meine Mutter wickelte ihn in eine Decke, und so warteten wir auf dem Dach. Bis endlich nach Stunden das Schiff beilegte. Ein Meter trennte uns von den am Haus rüttelnden Brechern. Um uns schwammen die Kadaver der Tiere, klammerten sich ans Haus und glotzten uns mit aufgerissenen Augen an.

Mitten in diesem Film klopfte Hellmann, steckte die Nase zur Tür hinein und fragte vergnügt, ob ich nicht zu ihnen aufs Zimmer kommen wolle.

Ich nahm das Transistorradio, wickelte die lange Telefonschnur ab und stapfte mit Radio und Telefon die Treppe hinauf.

Das Zimmer hatte sich völlig verändert. Es kam mir vor, als tapste ich durch meine Kindheit, als stünde ich in dem Zimmer, das meine Eltern zum Weihnachtsfest vorbereitet hatten. Neben den Gläsern brannten Kerzen, aus einem Kassettengerät hörte ich ein Sinfoniekonzert, und Romy saß in einem dunklen Kleid aufrecht auf dem Stuhl. Sie war dezent geschminkt, die Haare fielen auf ihre Schultern. Auch wenn der Baum fehlte, ich roch Tannengrün.

Romy erhob sich. Sie sagte: »Ich hoffe, Sie haben Lust auf ein kleines Fest?«

Hellmann fügte hinzu: »Und weil Sie heute unser Gast sind, zwar im eigenen Hause, aber immerhin, werde ich mich mit Ihrer Erlaubnis um das heiße Wasser kümmern.«

Hinter seinem Rücken zauberte er eine Flasche Rum hervor, stellte sie zwischen die Gläser und beteuerte beim Hinausgehen, er werde schon alles finden, was für einen steifen Grog vonnöten sei.

»Ist ja richtig festlich, oder haben Sie Angst, daß uns hier im Meer der Strom wegbleibt?« fragte ich Romy und deutete auf die Kerzen.

Sie lachte. »Nein, nein«, antwortete sie. »'Trutz blanke Hans', sagt man nicht bei Ihnen so?«

»Angst sollte man schon haben, und die 'Trutz-blanke-Hans-Rufer', die sitzen jetzt in der Stadt Rungholt zwischen den Seehasen und winken von unten zu den Bootskielen hinauf.«

Sie lachte wieder und beugte sich zu mir vor. »Angst vor dem Meer? Nein, Angst vor dem Meer habe ich nicht.«

Bei dem Wort »Angst« schaute sie zur Tür, aus der Hellmann eben verschwunden war.

Wir hörten, wie er unten mit den Töpfen schepperte und über den Herd fluchte. Ich überlegte, ob ich erzählen sollte, womit ich den Touristen im *Pesel* stets einen Schauer über den Rücken jage. Die Geschichte von der großen 'Mandränke', die Flut in der Marcellusnacht 1342. Die Nacht, in der Tausende von Menschen ertranken, die Nacht, in der das Wasser den Reichtum des Landes in wenigen Stunden hinaus ins Meer schaffte, in der Halligen und ganze Inseln für immer verschwanden.

Von den Ruinen, die man noch heute im Watt findet; von den Frauen, die bei Ebbe die Steine der untergegangenen Kirchen abtrugen und zu neuen Kirchen wieder auftürmten.

Aber wenn jemand sagt, er hat keine Angst vor dem Meer, dann sollte man mit diesen Geschichten vorsichtig sein. Besonders dann, wenn draußen der Wind heult und an Stärke zunimmt, wenn man jede Stunde das Radio anstellen muß und die Warnungen des Seewetteramtes Wort für Wort noch einmal durchbuchstabiert, wenn man auf das Telefon starrt, über das die Aufforderung zum Packen durchgegeben wird.

Nicht, daß ich ein ängstlicher Mensch bin, aber ich habe Respekt. Und ich habe einen Film im Kopf.

Romy musterte mein Gesicht. »Nein, ich habe wirklich keine Angst«, wiederholte sie. »Ich bin schon einmal fast ertrunken. Mit einem Segelboot gekentert.« Nein, Angst vor dem Sturm und vor dem Meer, das sei vorbei. Im Gegenteil, sie müsse dankbar sein. Allen Grund hätte sie dazu. Und dann kicherte sie und sagte: »Sie dürfen eine alte Frau nicht so ernst nehmen. Ich hab das auch aufgegeben.« Wieder Kichern.

Merkwürdig, in diesem Augenblick hatte ich das Gefühl, als würde ich zu ihrem Leben gehören, als würde sie mich mit einer Aufgabe betrauen. Einer wichtigen Aufgabe. Als ich sie ansah, nickte sie mir kurz zu. So, als wollte sie meinen Gedanken bestätigen.

Hellmann balancierte meine Soßen-Kasserolle mit dampfendem Wasser durch die Tür. »Wer heiß trinkt, muß nachher nicht frieren«, sagte er.

Ich erfuhr von Romy, daß sie einen »lebenswichtigen«

Entschluß gefaßt hätte. Hellmann zuckte zusammen und machte wieder einen Scherz. Alles in allem wurde es trotzdem ein gemütlicher Abend. Und feierlich war er auch.

Vom Rum beduselt und vom abflauenden Wind beruhigt, schlief ich fest in dieser Nacht. Es war mir egal, ob sich die beiden wieder zu ihrer mitternächtlichen Wandertour um die Hallig aufmachten. Die Tiere beruhigten sich, die Gefahr war vorüber.

Als ich am nächsten Morgen aufstand, saß Hellmann allein in der Veranda.

»Und Ihre Frau? Noch müde?« fragte ich.

»Schläft noch«, sagte Hellmann und schaute mich mit wässerigen Augen an.

Dann stieg er mit einer Tasse Kaffee die Treppe hinauf und ließ mich mit meinen gekochten Eiern in der Veranda stehen.

Auch am nächsten Tag hörte und sah ich nichts von Romy. Am darauffolgenden Vormittag erzählte mir Hellmann, daß seine Frau überstürzt abgereist sei. Sie hätte es nicht mehr ausgehalten. So mitten im Meer. Er wolle noch ein paar Tage bleiben, sich von dem Alltagsstreß noch etwas erholen.

Ich telefonierte mit Anna. Nein, völlig unmöglich, sagte sie. Da sei die letzten Tage kein Schiff zum Festland hinübergefahren.

An den nächsten Tagen kam er nur zum Frühstück aus seinem Zimmer, um dann, ohne ein Wort zu sagen, wieder die Treppe hinaufzusteigen.

Nur eine Frage stellte er jeden Tag: »Wird es Sturm geben?«

Ich zuckte die Achseln. Da hatte er seine Frau ins Watt gebracht, sie getötet und jetzt nur die eine Frage: Wird es Sturm geben?

Am neunten Tag brauste der Wind auf. In der Nacht, als der Sturm weiter zunahm und die Wellen sich am Zaun vor dem Haus brachen, sich Meter für Meter zur Warft hinaufspülten, verließ er um Mitternacht sein Zimmer.

Ich ging zum Fenster und sah ihn im Licht der Scheunenlampe.

Er lief durch die auslaufenden Wellen. Barfuß. Ja, ich konnte erkennen, daß er tanzte, das Haus umrundetete, das Wasser in einem Walzerrhythmus trat, es aufspritzen ließ und seine Fußspitzen in den Schlamm bohrte.

Möglich, daß es Reue war. Oder Wahnsinn. Vielleicht hatte aber auch das Opfer seinen Mörder gerufen. Eines war sicher, Romy rief jetzt auch mich, forderte mich auf, meine Aufgabe zu erfüllen.

Ich streifte mein Ölzeug über, nahm ein Küchenmesser und ging hinaus.

Das ist jetzt zwei Monate her.

Das kranke Schaf konnte ich nicht mehr retten. Es liegt zusammen mit Hellmanns Leiche vier Meter unter dem Boden meiner Scheune.

Den Stuhl, auf dem Romy an ihrem letzten Abend gesessen hatte, den habe ich in meiner Stube an den Eßtisch gestellt. Niemand darf ihn benutzen. Das ist ein alter Brauch hier in der Nordsee. Ist einer draußen geblieben, dann bleibt der Stuhl leer.

Die ersten Wochen habe ich jeden Tag nach der Flut den Strand abgesucht, doch sie hat sich gehalten in all den Gerippen da draußen. Sie werden ihr einen Platz gelassen haben, halten sie fest, damit sie nicht wegspült, wenn der Wind braust und das Meer kocht.

Und wenn ich aus dem Fenster blicke, die Schaumkronen der Brecher heranrollen sehe, die zerfetzten Wolken am Himmel zu einem Bild zusammenfüge, dann dringt von Zeit zu Zeit ihre Frage in mein Ohr: »Angst vor dem Meer?«

Und dann bestelle ich bei Anna noch ein Bier und schaue wieder hinaus auf die See.

Bernd Ross

Alle Neune

»Hallo, Kegelschwester Anouschka«, sagte Beate.

»Willst du unseren Kurzurlaub in den Bergen etwa in diesen Stöckelschuhen begehen?« fragte Christine.

»Als Single auf der ewigen Pirsch braucht frau die doch. Schließlich sind wir zwei Tage und zwei ganze Nächte unterwegs«, meinte Doris in ihrer ironischen Art.

»Stimmt«, nickte Elke. »Und bedenkt, wieviele Männer uns im Stubbach-Tal begegnen könnten.«

»Wo Anouschka doch unser Beauty-Girl ist«, neckte Flora.

»Und wieder mal männermordend durch die Lande tourt«, ergänzte Gabi.

»Apropos«, mahnte Hedwig. »Habt ihr auch alle an euer, ähm, Sportgerät gedacht?«

»Wie könnten wir Kegel und Kugeln vergessen, Dummerchen«, sagte Ingrid. »Wann hat man schon einmal die Gelegenheit, seinen Sport in solch abgeschiedener Naturkulisse auszuüben.«

»Genug geplaudert, Mädels. Auf geht's!« sagte Jasmin. »Da kommt der Bus.«

»Das Stubbach-Tal besticht durch seine gewaltigen Gesteinsformationen, die bizarren Zinnen an den Steilhängen bei Sankt Niklas und die einzigartige Naturkegelbahn droben in Ultimo«, sagte der Busfahrer in bestem Reiseführerjargon. »Die Leut' erzählen sich, daß die Hexen in der Walpurgisnacht von 1642 schon da kegelt ham. Mit die Köpf von ihre Feinde. Herrschaftszeiten, do sammer. Aber aufgepaßt, meine Damen! Der Aufstieg ist scho recht was anstrengend und nicht ganz ungefährlich. Jo, und abseits von des Plateau, also von der Bahn droben, geht's nab in die Klamm, ins Tal nach Sankt Niklas. Aufgepaßt, also!«

»War das steil. Was für ein Urlaub«, schnaufte Anouschka. »Wer von euch Amazonen hatte bloß diese Schwachsinnsidee mit dem Freiluftbowlen?«

»Alle Neun«, sagte Beate und hieb Anouschka ihren hölzernen, vierzig Zentimeter langen und 1500 Gramm schweren Kegel in die Kniekehlen. »Aber ich verspreche dir, du brauchst nie wieder zu bowlen.«

»Und nie wieder zu kraxeln«, übertönte Christine Anouschkas Schreie und zertrümmerte mit einem beherzten Schlag die linke Kniescheibe der Kegelschwester.

»Nicht auf Berge und nicht auf Männer«, fügte Doris hinzu und schwang ihren Kegel wie eine Keule, der Anouschka in den Unterleib traf, noch bevor sie wimmernd zu Boden sank. »Das ist für meinen Mann ...«

»... und das für die heiße Nacht mit meinem«, fauchte Elke und zerschmetterte den dritten Lendenwirbel.

»Eigentlich hätte jede einzelne von uns den eigenen Mann für die Seitensprünge mit dir bestrafen müssen ...« meinte Flora nachdenklich und ließ drei Rippen krachen.

»... aber neun Leichen wären vielleicht doch ein bißchen zu auffällig gewesen«, vollendete Gabi mit gekonntem Schwung und wich ebenso geschickt einem Blutspritzer aus der Platzwunde am Schlüsselbein aus.

»Einen gestrauchelten und in dieser gewaltigen Gesteinsformation abgestürzten Wanderer kann man der Polizei viel leichter erklären, als neun, ähm, gestrauchelte, tote Ehemänner daheim. Und außerdem trifft es so auf jeden Fall die Richtige«, sagte Hedwig und ließ ihre Kugel in einer Reihe blendend weißer Zähne landen.

»Wie tragisch und nützlich doch zugleich, arme Anouschka, daß unsere untreuen Ehemänner stets mehr Interesse für dich als für unseren schönen Sport oder unsere Urlaubsaktivitäten aufgebracht haben«, meinte Ingrid und drückte mit einem beinahe beiläufigen Hieb das Jochbein der Angesprochenen ein.

»Helft mir doch mal«, sagte Jasmin und vollendete die Partie mit einem entschlossenen Schlag auf den Hinterkopf.

»Alle Neune!« riefen die Frauen, und gemeinsam warfen sie den Körper der toten Anouschka in die Klamm Richtung Sankt Niklas, wo sie von einer bizarren Zinne aufgespießt wurde.

Barbara Ahrens

Die Nackten von Las Monjas

Für Hardy begann jetzt der anstrengendste Teil des Vormittags. Immer erst noch die elend lange Konversation, bis der Dicke die Sachen rausrückte!

»Spitzenmäßiges Wetter habt ihr mal wieder mitgebracht«, startete er aufs Geratewohl. Inzwischen hatte die Sonne die felsige kleine Bucht von Las Monjas erreicht. Die ›Nonnenbucht‹ war der einzige Nacktbadestrand auf der Insel. »Und morgen geht's wieder Richtung Heimat?«

Gerda setzte sich auf und zog den Bauch ein. »Ja, schade. Heute ist unser letzter Tag.« Sie lächelte Hardy bedauernd zu, und der tiefbraungebrannte junge Mann erwiderte das Lächeln. Kleine Zähne hatte er, fast wie ein Kind.

»Ach, eigentlich bin ich ganz froh«, meinte Erwin, die Hände in die massigen nackten Hüften gestemmt. »Drei Wochen Hitze – das reicht.« Seinen flinken kleinen Augen entging der heimliche Blick nicht, den Gerda mit diesem windigen Typen tauschte. Dich laß ich zappeln, Bürschchen, dachte er grimmig. Glaubst wohl, ich durchschau dich nicht!

Verstohlen musterte Hardy den aufgedunsenen Mann mit dem rotglänzenden Gesicht. Nur mit Mühe unterdrückte er einen Lachkrampf. Wenn der sich sehen könnte – selbstgerechter Spießer! Solche Gedanken waren Hardy freilich nicht anzumerken. In munterem Plauderton begann er, von der vergangenen Nacht zu erzählen: Auf dem Heimweg zu seinem Unterschlupf sei er beinahe die steilen Klippen hinuntergestürzt. Zusammen mit ein paar anderen Aussteigern bewohnte er eine Felsenhöhle in der Nonnenbucht. Davon gab es unzählige im Vulkangestein der Kanarischen Inseln.

»Ich war total borratscho!« Genüßlich rollte Hardy das

Zungenspitzen-R und ließ ein glucksendes Lachen hören. »Hätte bös ausgehen können, so ohne Taschenlampe!«

Saufgeschichten hörte Erwin gern. Das wußte Hardy aus Erfahrung. Besonders, wenn dabei einer auf die Schnauze fiel. Innerlich angespannt, beobachtete der junge Mann die beiden Dicken. Verdammt, nun mach schon die Tasche auf, ich fall gleich um! Von wegen – der denkt nicht dran. Also noch 'ne Story, jeden Tag das gleiche Spiel. Knochenhart, dieser Arsch! Wie die Frau das bloß aushält? Na, ist ja auch nicht mehr die Schönste. Total versaute Figur. Aber nett, irgendwie mütterlich. Hat so 'n Scheißtyp gar nicht verdient.

Gerda spürte Hardys Unruhe. »Schon wieder ganz schön heiß geworden, was, Erwin? Willst du was trinken?«

Am liebsten hätte Erwin das Katz-und-Maus-Spiel noch ein bißchen ausgedehnt, das gab ihm so ein angenehmes Kribbeln im Bauch. Doch sein Durst war stärker. Gerda holte zwei Halbliter-Dosen dänisches Bier aus der Kühltasche. Beide Männer beobachteten jede ihrer Bewegungen, und sie fühlte, wie ihre Hände zu zittern begannen. Eine der geöffneten Dosen drohte ihr zu entgleiten.

»Mensch, paß doch auf!« schrie Erwin wütend. »Oder willst du mich am letzten Tag noch vergiften?«

Ist doch gar nichts passiert, lag es Gerda auf der Zunge. Nun hab dich doch nicht so wegen dem bißchen Sand! Doch sie senkte den Blick. Am besten nicht darauf eingehen. Hardy sah sie aus schrägen grauen Augen mitfühlend an. Sie ahnte nicht, wieviel Kraft ihn das kostete. Er kam sich ausgedörrt vor wie der dicke Mann auf dem Dosenetikett, der mit einem Taschentuch den Schweiß von der Stirn wischte.

»Du auch ein Bier, Hardy?« Gerdas Stimme klang dankbar.

»Da sag ich nicht nein«, antwortete er bescheiden und schenkte ihr ein strahlendes Lächeln. »Aber nur, wenn ihr's wirklich übrig habt!«

Einen Moment schwankte Erwin, ob er Hardy beim Wort nehmen sollte. Aber da hätte Gerda nicht mitgemacht, das wußte er. Sie fand, daß sie einfach die Pflicht hätten, dem

»armen Jungen« zu helfen. Erwin war darüber anderer Meinung. Warum arbeitete der Bengel nicht wie jeder normale Mensch? Wenn sie beide abgereist waren, mußte der erst mal wieder einen anderen Dummen finden: Jeden Morgen ein dickes Schinkenbrötchen und zwei gekochte Eier. Dazu das Bier. Wenn er das zu Haus am Stammtisch erzählte! Erwins Gesicht entspannte sich, und er lächelte breit. Bis auf das Bier kostete ihn der Spaß schließlich nichts – das Frühstücksbüffet im Hotel war ja immer reichlich.

»Laß es dir man schmecken!« Gerda setzte sich unter ihrem Sonnenschirm zurecht. Zufrieden sah sie Hardy beim Essen zu. Sein blondes Stoppelhaar leuchtete wie der Flaum junger Enten. Eigentlich ein hübscher Kerl, und so gute Manieren! Was wohl mit seinen Eltern war? Kein Kontakt mehr. Na, manche Leute waren eben engstirnig. Wenn die wüßten, daß er in einer Höhle lebte! Was da wohl für Viehzeug rumkroch? Angeekelt schüttelte sie sich.

»Was ist los, Gerda?« fragte Hardy zwischen zwei Schlucken Bier. Brötchen und Eier hatte er bereits gegessen. »Denkst du schon wieder ans Geschäft?« Gerda war Sekretärin bei der Post. Er beugte sich vor. »Mach's doch wie ich«, sagte er mit einer theatralischen Handbewegung. »Hör einfach auf zu arbeiten.«

Nun kam Susanne zu ihnen herüber. Gerda hatte vorhin – nicht ohne Sorge – beobachtet, wie Hardy recht vertraulich mit der attraktiven Rothaarigen plauderte. Die Frau nickte Gerda und Erwin freundlich zu. An ihrer hellen Haut sah man, daß sie und ihr Mann heute zum ersten Mal hier waren.

Die ist auch nicht jünger als ich, dachte Gerda mit Genugtuung. Schlank ist sie ja – wahrscheinlich keine Kinder. Aber dafür rasierte Beine. Männer merken so was nicht, die merken nie was.

»Kommst du hier wirklich ohne Job aus?« fragte Susanne zweifelnd. Denn die Ganzkörpermassagen, von denen Hardy ihr erzählt hatte, konnten ihm nicht mehr als ein Zubrot einbringen. Noch dazu, wo er sich seine Kundinnen angeblich danach aussuchte, ob sie ihm sympathisch waren.

Hardy unterdrückte einen Rülpser und schmiegte sich wohlig an den Felsen. Jetzt war er in seinem Element. »Ich hab da ein ganz einfaches Rezept«, dozierte er. »Immer wenn das Geld alle ist, düse ich mal kurz nach Germany und mach Kohle.«

Diese Geschichte kannte Gerda schon, deshalb hörte sie nur mit halbem Ohr zu. Unverhohlen musterte sie die Rothaarige. Der Junge würde doch nicht so dumm sein und sich von der becircen lassen! Und das alles unter den Augen des Ehemannes!

»Zwanzigtausend in einem Monat? So viel möcht ich auch mal verdienen«, staunte Susanne. »Wie funktioniert denn das?«

Wahrscheinlich geht er auf den Strich, hätte Erwin am liebsten gesagt. Lange wollte er sich dieses Getue nicht mehr anhören.

Doch Hardy genoß sichtlich seine große Stunde. Jetzt noch ein Bier wär nicht schlecht, aber mehr als eins rückte der Dicke nie raus. Na, dann eben die Neuen. Die Rothaarige hatte er schon so gut wie in der Tasche. Nur um den Mann würde er sich noch kümmern müssen. Wenigstens nicht so ein Fiesling wie Erwin.

»Manchmal mach ich sogar dreißig Mille im Monat«, verkündete er. Nach einer Kunstpause: »Ich verkaufe Maschinen. An die Industrie. Pro Abschluß bis zu zehntausend Provision.«

Auf diese Stelle hatte Erwin gewartet. Er tauschte einen vielsagenden Blick mit dem Mann der Rothaarigen, der sich längst zu ihnen gesetzt hatte. Übrigens, fand Erwin, sollte der Neue seine Frau im Auge behalten – diese halbe Portion schien sie ja schon fest im Griff zu haben. Na, ihm konnte es egal sein. »Ich lauf mal 'n bißchen rum«, sagte er laut. Der Neue erhob sich ebenfalls und ging an seinen Rucksack.

Inzwischen hatten sich noch ein paar Badegäste in der abgelegenen kleinen Bucht niedergelassen – alles Urlauber, denn die Einheimischen mieden den Nacktbadestrand.

Hardy sah auf das glitzernde Meer. Sein Bier war alle.

»Kommst du mit ins Wasser, Susanne?« fragte er und zog das taillenkurze T-Shirt aus.

Gerda stockte der Atem. Diese Ziege hatte ihn doch tatsächlich schon eingewickelt! Was jetzt? Irgendwie mußte sie es hinkriegen, mit ihm allein zu sprechen. Vorgestern hatte sie eine Massage mit ihm verabreden wollen, aber natürlich war Erwin im entscheidenden Moment dazwischengekommen. Gerda überlegte fieberhaft. Als Hardy bereits im Gehen war, fiel ihr etwas ein.

»Ach, Hardy«, rief sie in ihrer Aufregung ein wenig schrill. »Du wolltest doch, daß ich dir die Hose abschneide. Ich hab die Schere mitgebracht.« Beinahe flehend sah die Alternde zu dem nackten jungen Mann hoch.

Hardys Unschlüssigkeit dauerte nur eine Sekunde. »Du bist ein Schatz, Gerda«, sagte er schmeichelnd. »Wenn ich dich nicht hätte!« Liebenswürdig wandte er ihr sein offenes Jungengesicht zu. »Momentchen, bin gleich zurück.«

Gerda strahlte. Triumphierend sah sie die Rothaarige an. Die trottete mit hängenden Schultern zu ihrem Mann. Gerda hoffte, daß er ihr eine Standpauke hielte. Verdient hätte sie es!

Hardy hatte sich beeilt. Jetzt trug er eine oberschenkelkurze helle Leinenhose. Sie sah aus wie von Mausezähnen abgenagt — eine Schere gab es in der Höhle nicht.

»Komm, stell dich gerade hin«, befahl Gerda gutgelaunt. Sie kniete sich vor den jungen Mann auf ihr Badetuch.

»Paß bloß auf, daß du mir nichts wegschneidest«, witzelte er. Daß er Susanne anzüglich zuzwinkerte, konnte Gerda nicht sehen. Beherzt griff sie ein Stück Hosenstoff. Dabei berührte sie versehentlich Hardys Oberschenkel mit den schimmernden blonden Härchen. Der Dunst seines warmen Körpers trieb der Frau das Blut in den Kopf.

»Aber nicht zu kurz, Gerda, ich hab nichts drunter!« Glucksendes Lachen und ein vielsagender Blick zur Nachbarin.

Gerda war jetzt in Hochstimmung. Daß Hardys Anspielungen immer derber wurden, störte sie nicht. Sicher, Erwin hätte das nicht gepaßt.

»Wackel doch nicht so«, mahnte sie. »Ich bin ja gleich fertig.« Daß der Junge nicht stillstehen konnte! Was sie nicht sah: Er schnitt unablässig Grimassen in Richtung Susanne, seine Gesten wurden immer ausgreifender. Auf einmal verlor Hardy das Gleichgewicht. Geistesgegenwärtig fing Gerda ihn auf – die Schere konnte sie gerade noch zur Seite werfen. In diesem Augenblick kam Erwin von seinem Spaziergang zurück, wie sie erschrocken aus den Augenwinkeln erkannte.

»Heute abend um elf! In der kleinen Bucht neben eurem Hotel!« flüsterte der junge Mann Gerda hastig zu. Sie wurde dunkelrot vor Aufregung und – Freude.

»Ich versuch's auf jeden Fall«, gab sie ebenso leise zurück. Und dann, mit gequältem Gesichtsausdruck: »Guck mal, wer da kommt!«

Der Bengel treibt es zu weit, grollte Erwin und beschleunigte seine Schritte. Gottseidank war bald Schluß damit. Könnt' ja ihr eigener Sohn sein – ungefähr so alt wie Peter. Erwin schluckte. Der hatte auch schon ewig nichts mehr von sich hören lassen. Wollte unbedingt mit dem Kopf durch die Wand, damals. Na, Reisende sollte man nicht aufhalten. Aber daß Gerda sich jetzt so zum Narren machte! War schon zweimal beim Hotelfriseur gewesen, jedesmal ein bißchen blonder. Das wurde ja langsam peinlich: Hardy hinten, Hardy vorn! Was war das überhaupt für ein Name? Wenn's nach Gerda gegangen wäre, hätt' er sie auch noch massieren sollen. Doch da hatte er gleich ein Machtwort gesprochen. Massage – ihm konnte der doch nichts vormachen!

Im Restaurant des Hotels »Miramar« räumten die Kellner das Geschirr ab.

»Na, berühmt war das Essen nicht gerade«, maulte Erwin. »Für unseren letzten Abend hätten die sich ruhig was einfallen lassen können – war ja teuer genug!« Er griff nach der Karaffe mit Rotwein. »Du auch noch, Schatz?«

Gerda wollte lieber Apfelsaft. Sie schwitzte stark, ihr Gesicht war krebsrot.

»Reisefieber?« erkundigte sich ihr Tischnachbar, Herr Ketels aus Husum, belustigt.

»Ach, das hat nichts zu sagen. Sie wissen doch – Frauen in dem Alter!« antwortete Erwin augenzwinkernd und lehnte sich geräuschvoll zurück.

Frau Ketels, ebenfalls in den Fünfzigern, kam Gerda zu Hilfe. »Sie haben ein wunderschönes Armband«, sagte sie rasch. »Sind die Steine echt?«

Noch bevor Gerda den Mund aufmachen konnte, führte Erwin das Wort. »Lupenreine Brillanten. Hat mich fünf Mille gekostet«, antwortete er großspurig und riß Gerdas Handgelenk hoch. Dabei fiel ein Glas um. ›Mensch, paß doch auf!« schrie Erwin unbeherrscht.

Gerda hätte sich am liebsten in ein Mauseloch verkrochen. Das neue Seidenkleid! Hoffentlich ging der Fleck raus. Erwin wurde auch immer schlimmer – behandelte sie wie ein kleines Kind! Peter wußte schon, warum er damals weg war. Ihre Schwester lag ihr schon lange damit in den Ohren, sich endlich scheiden zu lassen. Vielleicht sollte sie wirklich zum Anwalt gehen, gleich nach dem Urlaub. Ob Erwin sich dann mal zusammenreißen würde?

Gerda lockerte ihren Gürtel. War das eine Hitze! Am besten, sie zog sich noch mal um, für nachher. Hoffentlich ging alles glatt. Fest zugesagt hatte sie ja nicht, vielleicht sollte sie lieber … Aber stundenlang in der verräucherten Hotelbar rumsitzen und sich Erwins Gemeinheiten anhören? Nein, sie würde hingehen – das geschähe ihm recht. Entschlossen sah sich Gerda im Restaurant um. Sie waren die letzten Gäste, Ende Mai war das Hotel nur zur Hälfte belegt.

»Und was machen wir jetzt mit dem angebrochenen Abend?« lärmte Erwin gutgelaunt. »Ist ja erst halb elf.«

Gerda schützte Kopfschmerzen vor. »Vielleicht komm ich später nach«, vertröstete sie die drei, die noch in die Hotelbar gehen wollten. »Ich geh mal 'n bißchen spazieren.«

Bewegung könne ihr auch nicht schaden, meinte Frau Ketels. »Nehmen Sie mich mit?«

Gerda wurde es abwechselnd heiß und kalt. Was jetzt?

»Sonst gern, Frau Ketels«, wehrte sie ab und zwang sich zu einem Lächeln. »Heute ist besser allein.«

Nachdenklich sah Erwin seine Frau an, sagte aber nichts.

»Geh'n Sie man bloß mit keinem mit«, witzelte Herr Ketels. »Der Flieger morgen früh wartet nicht.«

Hardy saß auf einem abgerundeten Felsvorsprung. Das Gesicht in die linke Hand gestützt, betrachtete er die Wellen, die tief unter ihm unablässig gegen das Ufer brandeten.

Bis jetzt war alles gut gegangen. Ein Jeep-Fahrer hatte ihn unterwegs mitgenommen, hatte ihm sogar noch einen ausgegeben. Das passierte Hardy öfters: Wenn er die Leute reden ließ, waren sie meistens spendabel. So wie Erwin und Gerda. Hoffentlich kam sie bald, es wurde allmählich kühl. Heiße Tage, kühle Nächte hier auf La Palma. Ein angenehmes Klima — wenn man ein Dach über dem Kopf hatte! Denn seine Unterkunft war ihm nicht mehr sicher. Erst vorhin hatten die anderen ihn blöd angeredet: Geld ranschaffen oder raus — bis Ende der Woche. Angeblich tat er nicht genug für die Gemeinschaft, hielt sich zu viel mit den Touristen auf. Ach was! dachte Hardy. Die waren bloß neidisch auf sein üppiges Frühstück. Und soo gemütlich war die Höhle nun auch wieder nicht. Morgens war er immer ganz zerstochen von den Mücken, und feucht war es auch. Seufzend knöpfte der junge Mann sein schreiend bunt gemustertes Hemd über der Brust zu. Ob es schon elf war? Seine Armbanduhr hatte Hardy letztes Jahr für ein Flugticket nach Alicante eingetauscht. Glattes Verlustgeschäft, aber was hätte er machen sollen? Schließlich war er doch noch nach München gekommen, per Anhalter. Dann die zwei Monate Oberbayern, und er hatte wieder ein paar Tausender als Reserve.

Als gelernter Koch bekam Hardy jederzeit Aushilfsjobs in Deutschland. Natürlich Knochenarbeit, aber anschließend konnte er sich wieder auf den Kanaren erholen. Der einzige Schönheitsfehler war der ewige Geldmangel, doch bisher hatte es immer irgendwie geklappt. Er durfte nur nicht krank werden. Lange wollte Hardy sowieso nicht mehr so weitermachen: Spätestens mit 40 würde er seinen eigenen Laden haben, ein richtig gepflegtes Jazzlokal. Nur für erstklassige Kunden. Jeden Abend Live-Musik. »Hardy's Bar« würde es heißen – fast wie »Harry's Bar« in Venedig, dachte er zufrieden. Täglich würde er nur ein einziges Menü anbieten, aber das müßte natürlich super sein.

Er spürte, daß er seit dem Frühstück nichts mehr gegessen hatte. Wo die Dicke nur blieb? Abrupt stand er auf – so schnell, daß er sich nur im letzten Moment am Fels festhalten konnte. Puh! Noch mal gutgegangen. Ganz schön abschüssig hier oben. Der doppelte Whisky auf leeren Magen war vielleicht doch zuviel gewesen, jetzt brauchte er einen klaren Kopf. Obwohl – zu klar durfte er auch nicht sein, wenn er an das dachte, was vor ihm lag. Die Zweifel, die – wieder einmal – in ihm hochkamen, überdeckte er entschlossen mit Zuversicht. Es würde schon klappen. Warum sollte es nicht?

Ein Geräusch ließ ihn aufhorchen. Jemand mit einer aufgeblendeten Taschenlampe kam auf ihn zu. »Hardy?« flüsterte eine Frauenstimme. Gerda. Endlich. Hoffentlich hatte sie das Geld mit.

»Hallo, Gerda!« Hardys Stimme klang erfreut. »Schön, daß du gekommen bist.« Die hatte sich ja mächtig rausgeputzt, sogar hohe Absätze. Er kannte Gerda nur nackt am Strand oder in Shorts und T-Shirt. Komisch, daß sie im Kleid noch unförmiger aussah. Und dann diese Parfümwolke! Egal, was sollte er sich damit aufhalten. In einer Stunde hätte er es hinter sich. Spätestens. Hardy schluckte.

»Du siehst blendend aus, Gerda. Wirklich«, schmeichelte er.

»Ach das. Das ist ein altes Kleid«, wiegelte Gerda ab. »Die anderen Sachen sind schon im Koffer.« Doch sein Kompliment tat ihr gut. Wann hatte Erwin ihr das letzte Mal was Nettes gesagt?

»Hier, Hardy, das Geld für die Massage!« Sie nestelte an ihrer Handtasche. Dabei fiel das Portemonnaie heraus.

»Vorsicht, Gerda. Ziemlich steil hier«, warnte der junge

Mann und bückte sich. Dafür ungestört, fügte er in Gedanken hinzu.

Gerda entfaltete ihr letztes spanisches Geld, einen 5000-Peseten-Schein. 3500 sollte die Massage kosten – etwa 60 Mark -, doch Hardy konnte nicht wechseln.

»Laß man gut sein«, winkte Gerda ab. »Was soll ich denn noch damit?«

Ein Goldstück, die Frau, dachte Hardy. An die hätte er sich noch viel mehr halten sollen, aber der Alte ließ sie ja nicht aus den Augen.

»Tausend Dank, Gerda«, rief er überschwenglich. »Ich mach's dir dafür länger, okay?«

Als sie ihm den hellbraunen Schein hinhielt, glitzerte das Brillantarmband im Mondlicht. »Hey!« rief er unwillkürlich. »Echt?«

»Ich trag doch kein Talmi«, protestierte Gerda. »Von Erwin zur Silberhochzeit.« Verstohlen sah sie auf die Armbanduhr: Schon viertel nach elf. »Willst du es hier machen, Hardy?« fragte sie beinahe schüchtern. »Weißt du, ich kann auch nicht so lange bleiben. Daß Erwin bloß nichts merkt!«

Hardy preßte die Lippen zusammen. Er konnte es nicht mehr hören – jedesmal das gleiche: Der Alte durfte nichts erfahren. Ließen sich ausnutzen von vorne bis hinten, aber nach außen hin immer korrekt! Kein Wunder, daß diese Muttis so kaputt waren. Die hier tat doch glatt so, als ob jetzt 'ne Massage stattfinden würde. Und nachher würde sie ihm die Ohren vollheulen über ihren Erwin, oder wie er hieß. Kein Verständnis und so. Verdammt hart verdientes Geld!

Hardy sah es auf einmal vor sich, wie es ablaufen würde mit Gerda, in allen Einzelheiten. Wie mit den anderen abgewrackten Weibern – jede von ihnen hätte seine Mutter sein könne. Plötzlich packte ihn die Wut, und etwas in ihm begann sich zu lösen. Etwas, das sich lange Zeit aufgestaut hatte.

Das Armband! Wie hypnotisiert starrte er auf Gerdas Handgelenk. Konnte einiges bringen, mußte er natürlich auf dem Festland verkaufen. könnt' sich endlich mal wieder ein schönes Zimmer nehmen, 'n paar Klamotten kaufen. Mit einem Schlag wär er aus allem raus. Hardy holte tief Luft. Im Bruchteil einer Sekunde schätzte er die Entfernung zum Abgrund. Da trafen sich ihre Blicke. Seine Augen, jetzt schmal wie die eines Raubtiers, verbargen nichts. Entschlossen packte er Gerdas Handgelenk.

Der Frau stieg das Blut in den Kopf. Ihr Herz begann zu jagen. Warum? hämmerte es in dumpfen Trommelschlägen, warum, warum? Sie schwankte. »Peter«, wimmerte sie. Ihre Ohren wurden taub vom Wellenrauschen, das von unten zu ihr heraufdrang wie ein Orkan. Jetzt einfach fallenlassen …

Doch Hardy hatte das Armband noch nicht, zerrte wie ein Wahnsinniger daran. Als Gerda Blut spürte, kam sie wieder zu sich. Sie stand gefährlich nahe am Abgrund. Instinktiv streifte sie die hochhackigen Schuhe ab. Einer fiel dabei hinunter, torkelte in Kreiselbewegungen tief nach unten in die schäumende Brandung. »Hilfe! Erwin!« schrie Gerda in ihrer Todesangst.

Brutal preßte Hardy ihr die Hand auf den Mund. Wenn das jemand hörte! Aber zurück konnte er nicht mehr.

Plötzlich wuchsen Gerda Riesenkräfte, und sie schlug wie wild um sich. Hardy fluchte. Verdammt, die hatte er unterschätzt. Und den Klunker kriegte er auch nicht auf. Was jetzt?

»Mach's ab«, forderte er. »Dann laß ich dich auch laufen. Ehrlich.«

Gerda keuchte. Im Mondlicht sah sie Hardys wachsamen, verschlagenen Blick. Sie nickte fast unmerklich, und er ließ ihr Handgelenk los. Die Wunde brannte wie Feuer. Stumm nestelte sie an ihrem Armband. Dabei entging ihr sein versteckter Seufzer der Erleichterung nicht. Erschöpft wischte Hardy sich mit dem Handrücken den Schweiß von der Stirn. Während er den Arm sinken ließ, spürte er einen harten Schlag am Hals. Die Taschenlampe! konnte Hardy noch denken, bevor er das Gleichgewicht verlor.

Tief unten schlugen die Wellen unablässig gegen den Fels. Sekundenlang stand Gerda wie angewurzelt – oder waren es Stunden? Ein Geräusch hinter ihr ließ sie zusammenfahren: Da war ja Erwin! Sein glasiger Blick verriet keinerlei Regung.

»Nach dem kräht doch sowieso kein Hahn.«

Wollte er sie damit beruhigen?

»Komm, Schatz, wir müssen deine Hand verbinden«, beschwor er sie. Gerda wand sich unter seiner Berührung und fing an zu weinen.

»Reg dich doch nicht auf wegen so 'nem Gauner«, begann Erwin von neuem. Schützend wollte er den Arm um sie legen, doch er hatte zu viel Schwung geholt und stolperte. Gerda konnte ihren Mann gerade noch festhalten.

»Mensch, paß doch auf!« schrie sie wütend. Fast hätte er sie mitgerissen – so betrunken wie er war!

Ein Gedanke loderte in ihr auf, und ihre Tränen versiegten abrupt. Doch Erwin hatte sich schnell wieder gefangen. Er nahm ihren Schuh und steckte ihn in die Jackentasche.

»Komm jetzt, Schatz«, mahnte er. »Wir müssen morgen früh raus.«

Gerda bewegte sich nicht von der Stelle. Im Mondlicht betrachtete sie ihren Mann wie einen Fremden. Mit seinem feisten Nacken, dem wabbeligen Doppelkinn sah er aus wie eine Qualle. Der Gedanke von vorhin kam wieder in ihr hoch. Ihr Körper straffte sich, und sie ging auf Erwin zu.

Gabriele Wolff

Mann über Bord

Der See glitzerte und war doch still. Ein Windhauch streifte die Oberfläche des Wassers, das sich sanft bewegte und glucksend gegen die Pfähle des Bootsstegs schlug. Im Schilf gegenüber die ersten Zeichen von Leben an diesem frühen Morgen: ein Blässhuhn, das die Deckung verließ, mit nervösen Kopfbewegungen auf der Suche nach Beute. Frühe Möwen zerrissen die Stille mit ihrem gierigen Gekrächze. Sie kreisten lange, bevor sie im Sturzflug hinunterstießen. Wenn sie wieder auftauchten, zappelten silbrige Fische in ihren Schnäbeln. Meistens jedenfalls, denn die Müritz war ein gutes Jagdrevier. Immer schon gewesen, auch früher, als man die Abwässer des Ortes noch ungeklärt in den See einleitete: die Natur wurde damit fertig; was war denn schon der Scheißdreck menschlicher Existenz gegenüber dieser unzerstörbaren gewaltigen friedlichen Landschaft, über die sich ein Mecklenburger Himmel spannte, weit, tief, blau und mit diesen federigen Wölkchen, die sie schon als Kind stundenlang beobachtet hatte ...

Monika hatte wieder die Stimme ihres Vaters im Ohr: Moni, du träumst schon wieder, willst du nicht ins Wasser? Dann hatte sie stumm den Kopf geschüttelt und diesen Wolken nachgesehen, die sich auftürmen konnten zu den unglaublichsten Gebilden.

Hier, genau auf diesem Steg, hatte sie am liebsten gesessen. In dem Bootshaus, einem Ferienobjekt des volkseigenen Betriebes, in dem ihr Vater arbeitete, war es viel zu eng für alle. Aber da draußen hatte sie sich wohl gefühlt. Ihre Brüder hatten die Faltboote vom Dachboden geholt und sie unter großem Getöse zusammengebaut; daß Jungens immer so schreien mußten ... Monika war froh gewesen, wenn sie endlich weg waren, selbst beim Paddeln brüllten sie sich noch irgendwelche Kommandos zu. Natürlich fuhren sie ins Rohr, was schon damals verboten war, und scheuchten Reiher und brütende Enten auf. Wenn Vater das Plasteboot losmachte, sah er sie nur kurz an, mehr war gar nicht nötig, um sie glücklich zu machen. Sonst war das Schweigen zwischen ihnen immer bedrückend, aber in dem Boot, nur sie zwei, ganz allein auf dieser unendlichen Fläche unter diesem weiten Himmel ...

Monika seufzte. Ihr Rücken schmerzte.

Der Wind frischte auf. Sofort ertönte das Geräusch, das sie fast die ganze Nacht hindurch immer wieder aus dem Schlaf gerissen hatte: ein Klappern und Singen, wenn das Großfall, oder was auch immer, gegen den Mast schlug. Großfall, den Ausdruck hatte Siegmund ihr erklärt, als sie gemeinsam den Mast gesetzt hatten. Es sollte ein unvergeßlicher Urlaub werden, ihr erster gemeinsamer Segelurlaub, und er fand es rührend, daß sie immer Seile sagte statt Schoten. Siegmund liebte es, andere zu belehren, und so tat sie ihm den Gefallen: kreisrunde Augen vor Ehrfurcht, halbgeöffneter Mund, wenn er etwas erklärte, ungeschickte Finger, als sie den Palstek übte. Aber es war ja tatsächlich das erste Mal, daß sie segeln sollte, sie brauchte sich überhaupt nicht anzustrengen, um vollkommen ahnungslos zu wirken. Auch ihre Freude war keineswegs geheuchelt; wie von selbst war sie in ihren Augen aufgeblitzt, als er sie endlich fragte, ob sie nicht mal mit herauskommen wolle zu seinem Bootshaus, für ein verlängertes Wochenende vielleicht, einfach so, ganz unverbindlich. Siegmund war immer schon ein Herzensbrecher gewesen, und auch mit vierundfünfzig konnte er es nicht lassen. Sie hatte ganz ruhig ja, gerne, gesagt, wie selbstverständlich.

Es mußte ganz einfach so kommen.

»Liebes, träumst du?«

Monika zuckte zusammen, als seine Hände ihre Schultern berührten, doch als Siegmund begann, ihren Nacken zu streicheln, entspannte sie sich.

»Klar träume ich, es ist ja auch einfach traumhaft hier, der blaue Himmel, das Wasser, stundenlang könnte ich nur hier sitzen und diesen See anschauen, daß es so etwas Schönes gibt ...«

Sie hatte das Richtige gesagt. Siegmund platzte fast vor Stolz, so als ob er höchstpersönlich die Landschaft gestaltet hätte. Er knabberte an ihrem Ohr und murmelte Unanständiges.

Monika kicherte.

Die letzte Nacht war nicht ganz so schlimm gewesen, wie sie es sich vorgestellt hatte. Unvermeidlich war es sowieso, da mußte sie durch, das war von vornherein klar gewesen. Sie hatte viel von dem wunderbaren Cognak getrunken, den es früher nicht gegeben hatte, und er wirkte. Siegmund war nicht mehr der fette bebrillte Durchschnittstyp mit fahlem Gesicht, sondern nur noch ein zerfließender Farbklecks gewesen. Braune Hundeaugen, die sich an ihr festsogen. Und wie dankbar er war, noch einmal glatte Haut berühren zu dürfen, die festen Brüste einer Fünfundzwanzigjährigen, sie brauchte überhaupt nichts zu machen. Beim Küssen schloß sie die Augen, und als er sich neben sie legte, drehte sie ihm den Rücken zu. Er verstand die Aufforderung. »Magst du es so?« Überhaupt sprach er unentwegt, geile, schmutzige Sachen, die ihn erst richtig in Fahrt brachten.

Aber Reden war schon immer sein einziges Talent gewesen, ja, reden, das konnte er. Wenn es irgendetwas zu bejubeln galt, eine Planerfüllung, eine Prämie im Neuererwesen, den Geburtstag eines hohen Parteifunktionärs, dann war Siegmund der richtige Mann: er konnte all die bekannten Platitüden so mitreißend darbringen, daß man glaubte, man höre sie zum ersten Mal. Hatte Vater jedenfalls immer gesagt.

»Ist wirklich ein schönes Fleckchen Erde hier«, meinte Siegmund jetzt. »Und das Haus habe ich spottbillig von meinem alten Betrieb gekriegt, genaugenommen von der Treuhand. Naja, spottbillig ist übertrieben, aber wenn die Wessis erstmal dahinter gekommen sind ... Ein Angebot für den Laden habe ich schon, aber das ist noch lange nicht ausgereizt. Angebot und Nachfrage, das ist es doch, was wir immer sträflich vernachlässigt haben. Gott sei Dank ist das vorbei. Warst du schon mal hier?«

Monika schüttelte den Kopf. »FDGB-Ferienheim im Thüringer Wald, zu mehr hat es nicht gereicht. Aber doch, ja, einmal waren wir auf Rügen. Ich weiß auch nicht, womit wir das verdient hatten. Und heute? Kann ich mir nicht leisten. Du zahlst einfach zu schlecht, Liebster«, und sie grinste ihn schelmisch an.

Er ging nicht auf ihren Ton ein. Hielt ihr eine Vorlesung über Kapitalismus, Leistung, Tariflohn, er hatte all die neuen Ausdrücke drauf, und aus seinem Mund klangen sie auch ganz natürlich. Fakt war, wie man immer so schön sagte, daß all diese Dinge nun Fakt waren, aber mehr auch nicht. Siegmund verschwendete so viel Gläubigkeit daran wie früher an andere Dinge, die alles, nur keine Tatsachen gewesen waren. Es war unerträglich.

Monika sprang auf. »Bringst du mir armen, leistungsgerecht bezahlten und daher darbenden Fachkraft für Schreibtechnik endlich das Segeln bei, oder warum sind wir hier?«

Monika hielt die Fockschot und starrte auf die schäumende Bugwelle, immer die gleiche und doch immer eine andere. Die heiseren Schreie der Möwen begleiteten sie genau so wie das Rauschen des dahingleitenden Bootes, das leise Knattern in den geblähten Segeln und das aufgedunsene Gesicht ihres Vaters, den man Tage nach seinem Verschwinden aus diesem See geborgen hatte. Da unten mußte er gelegen haben. Vielleicht hatte er gehofft, man werde ihn nicht finden, denn das konnte er nicht gewollt haben: daß seine Familie ihn so sehen mußte. Mutter hatte ihr erst Jahre später erzählt, warum sich Vater umgebracht hatte.

»Willst du auch mal an die Pinne?« rief Siegmund. Als er ihr ängstliches Zögern bemerkte, beruhigte er sie. Ohne Vortrag ging es bei ihm nicht, er war so einer von der Sorte Mann, dem man nie auch nur die kleinste Chance geben durfte, mit irgendeinem Wissen aufzutrumpfen. Heute war es Monika recht; er sollte sich wohlfühlen und in Sicherheit wiegen, es lief genau nach Plan. Sie nickte eifrig, ja, kein Problem, abfallen, anluven, auffieren, wenden, es war ohnehin nicht allzu windig.

Als sie die Plätze tauschten, taumelte sie ungeschickt in seine Arme, mit einem kleinen Huchschrei, Siegmund war entzückt. Sie umklammerte die Pinne, starrte hoch zum Verklicker und hielt Kurs. Siegmund stülpte sein weißes Hütchen über die Augen und relaxte. Dieses Hütchen war das einzig Verräterische an ihm. Es hätte Erich gehören können. Siegmund war ein Spießer, immer schon gewesen, nur daß er heute mehr verdiente. Außerdem war er ein Mörder.

Ein Mörder, der nun entspannt seine knappe Freizeit genoß, gerade eine Taschenflasche aufschraubte und sich, zufrieden mit ihrer Leistung als Rudergänger, einen Schluck genehmigte. Ausnahmsweise redete er mal nicht, schmatzte nur genüßlich und schluckte noch einmal. Fast tat er ihr leid. Er wußte ja nicht, daß es bald vorbei sein würde ...

Monika schluckte. So ging es nicht. Er mußte reden, nur dann gelang es ihr, ihn zu hassen. Er hatte zuviel geredet in seinem Leben, und nun würde es *ihn* den Kopf kosten und nicht den vielen anderen wie früher. Eigentlich waren ihr die anderen egal. Aber ihr Vater, der war ihr nicht egal. Wenn Siegmund nur damals nicht soviel gequatscht hätte, mit den falschen Leuten, zur falschen Zeit, über die falschen Dinge ...

Entschlossen luvte sie an, und der Wind, der vorher seitlich in das Großsegel eingefallen war, ließ das Segel nun flattern. Das Geräusch des killenden Segels weckte Siegmund auf, der »Dichtholen« schrie und ihr erklärte, was sie falsch gemacht hatte. Sie lächelte ihn entschuldigend an.

»Du machst es doch gut, Kleines«, meinte er gönnerhaft, als der Wind die Segel wieder füllte und das Boot an Fahrt gewann. »Du bist ein Naturtalent, und nicht nur beim Segeln. So was wie dich hätte ich früher kennenlernen sollen, dann wären mir zwei Scheidungen erspart geblieben, glaub es mir. Darauf genehmige ich mir noch einen, Prost!«

Der Alkohol löste seine Zunge, und er erzählte von den

Frauen in seinem Leben. Natürlich waren sie lieblos gewesen, ohne Verständnis für ihn und seine Probleme, gingen irgendwann fremd und ließen ihn allein. Sein weinerlicher Tonfall. Seine Selbstgerechtigkeit. Seine verwaschene Sprache. Jetzt mußte sie handeln. Oder nein, eine Chance, eine Chance sollte er noch haben.

»Siegmund«, unterbrach sie ihn. »Wie war das mit Hans? Hans Klein, Klein wie Monika Klein? Ja, ich bin seine Tochter. Warum hast du ihn verraten? Warum konntest du es nicht einfach vergessen, was er dir anvertraut hat? Daß er abhauen wollte?« Sie hielt den Atem an. Vorsichtig löste sie die Großschot aus der Klemme und hielt sie fest.

Ratlosigkeit in seinem Gesicht. Er wandte sich ihr zu, erhob sich leicht schwankend. Kam auf sie zu. Vor dem Bug kräuselte sich das Wasser. Böen.

»Warum?« schrie sie ihn an.

»Die Zeit«, murmelte er. »Es war die Zeit ...«

Er taumelte auf sie zu.

Monika duckte sich, stieß die Pinne von sich weg, ließ die Schot los. Wechselte die Seite, immer noch geduckt. Eine Bö erfaßte das Großsegel und warf den Baum herum. Monika konnte nicht sehen, was passierte, aber sie hörte Siegmunds Schrei, fast gleichzeitig mit dem dumpfen Klang, als der Baum ihn mit voller Wucht traf.

Als sie das Boot wieder unter Kontrolle hatte, warf sie einen Blick zurück. Sie verfolgte die schaumige Spur des Kielwassers, bis sie sich verlor. Auf der unendlichen Fläche der Müritz war Siegmunds Kopf ein tanzender Korken, der immer kleiner und unbedeutender wurde.

Man konnte ihr nichts beweisen. Kopftuch und Sonnenbrille hatten ihr Gesicht verborgen, damals, in der Buchhandlung, in der sie das Segelbuch gekauft hatte. In der Stadt, in der sie nie zuvor gewesen war. Die Tragetasche, die Quittung, das Buch: sorgfältig vernichtet. Als sie das Boot auf Grund setzte, brach das Schwert ab. Ein Mann lief auf sie zu. Ihre Beine zitterten, als sie ihm entgegenstürzte. Es war alles gut.

Conny Lens

Badetag

Meist fängt es um fünf an zu brüllen. Wenn es nicht die ganze Nacht durchschreit. Aber meist um fünf.

Früher ist Ingrid um acht aufgestanden. Weil, im *Salon Elfie* fingen sie erst um neun an.

Sie dreht sich auf die andere Seite. Läßt es schreien. Das Kinderbett steht direkt neben ihrem. Da hat die Alte drauf bestanden. »Wenn mal was ist, nachts. Bist du sofort dabei.« Die versucht alles an ihr, was sie selbst nicht geschafft hat. Bei Ralf. Ihrem Ralf.

Es brüllt wie ein Tier.

Ingrid steht auf, drückt die Gardine weg. Friert. Muß dringend pinkeln. Ein fahler Lichtstreifen hängt über der Lärmschutzwand.

Die Jeans liegen vor dem Bett. Sie steigt rein, zieht den Pulli von gestern drüber. Das Blag schreit wie bescheuert. Sie geht zum Klo. Als sie zurückkommt, ist es ruhig.

Dafür ist das Rauschen vom Ruhrschnellweg umso lauter. Es kotzt sie an. Tag und Nacht und Tag und Nacht und immer und immer. Manchmal ist es, als hätte sie Watte im Kopf. Ewig dieses Rauschen. Vielleicht schreit es deshalb an einem Stück.

Ihr Zimmer. Drei mal zwei Meter vierzig. Bett, Schrank, Nachttisch. Eiche kunststoffbeschichtet. Der Teppichboden war früher mal gelb.

Die Trucker-Poster hat sie als erstes runtergerissen. Und seine Klamotten in den Keller gebracht. Die, die er nicht mitgenommen hat. Genutzt hat es nichts. Drecksloch.

Sie greift das Blag, schleppt es ins Badezimmer. Über die Wanne haben sie ein Brett gelegt. Wickeltisch, sagt die Alte dazu. Hemd hoch, Hose runter, Pampers auf. Sie muß würgen. Morgens muß sie immer würgen. Das Blag schlägt um sich, kreischt, kriegt dicke Augen dabei. Saubermachen, eincremen, pudern, neue Windel, Hose hoch, Hemd drüber, hinlegen, Daumen in den Mund. Das Blag zieht ihn raus, schreit.

Wieder ins Bett. Schlafen kann sie nicht mehr. Sobald das Blag nicht mehr brüllt, duselt sie ein. Um acht ist sie auf.

Die Alte schlurft zum Klo. Bestimmt macht sie das Fenster wieder nicht auf. Aus ihrem Schlafzimmer zieht saurer Mief in die Küche. Endlich geht die Spülung. Sie kriecht zurück in ihr muffiges Doppelbett. Vor zehn wird die nicht aufstehen.

Der Morgen ist immer schnell rum. Unten bei CO-OP was einkaufen. Dann ein bißchen kochen. Nicht immer. Die Alte ißt ja kaum was. »Aber fürs Kind ist das wichtig. Viel Gemüse.« Sie kauft Gläser, die man in Wasser heiß machen kann. Möhren, Spinat, sowas. Das Blag merkt sowieso keinen Unterschied.

Die Hälfte spuckt es aus, spuckt genau auf ihren Pulli. Den Rest schieb sie ihm mit dem Löffel rein. Putzt ihm mit einem Lappen die Schmiere aus dem Gesicht. Dann wieder von vorn. Pampers runter, abputzen, neue Pampers drum. Fertig. Es brüllt sofort los. Als sie es hinlegt, fällt ihr auf, daß sie das Eincremen vergessen hat. Das Pudern auch. Egal. In zwei Stunden hat es sich sowieso wieder vollgeschissen.

Sie stellt Radio Luxemburg ein, guckt aus dem Fenster. Zwei Jungs haben sich ein Türkenmädchen gegriffen. Gegen die Mauer gedrängt. Einer reißt ihr das Kopftuch runter. Das Mädchen schreit. Unten packen die Braumüllers von nebenan ihren Wohnwagen. Wollen morgen früh los. Drei Wochen Stubai-Tal. »Fahren wir jetzt im zwölften Jahr hin. Herrlich.«

Urlaub. Wär jetzt was. Einfach raus und die Scheiße hier vergessen. Sie hat aber keinen Urlaub. Dafür hat sie das Blag.

Im Wohnzimmer hängt die Alte vorm Fernseher, Beine hochgelegt. Knubblige Krampfadern unter der durchsichtigen Haut. Wie Würmer. Über den Couchtisch kollern zwei leere Underberg-Fläschchen.

Um zwei geht die Schelle. Tante Lissi. Der Alten ihre Schwester. Hefeteilchen hat sie mitgebracht. Drei Stück, abgezählt. Und 'ne Flasche. »Für zum Kaffee.« Kroatzbeere diesmal. Aber nicht die richtige, was Nachgemachtes.

»Bist ja so blaß, Ingrid. Mußt mehr rausgehen.« Und kneift sie in die Backe.

»Geht sie doch. Jeden Tag«, sagt die Alte. »Mit dem Kind. Aber bei dem Wetter ...«

»Ja? Wo gehste denn immer hin?«

»Na, raus eben«, sagt Ingrid und schiebt die Teilchen auf einen Teller.

»Mußt mal in die GRUGA, mit dem Kleinen. Da ist jetzt so schön um die Zeit.«

»Ja.«

Da sitzen sie dann den ganzen Nachmittag. Die Alte, immer noch im Morgenrock, mit stinkigen Haaren, kocht Kaffee. »Den guten«, wie sie sagt, »aus der guten Dose.« In Wirklichkeit ist das ALDI-Silber, umgefüllt. Lissi merkt das nicht. Hier merkt keiner was.

Nach der zweiten Kanne gibt's Kroatzbeere. Ralf soff auch immer so.

Um drei fängt das Blag an zu schreien.

»Ja, was hat er denn?« fragt Lissi.

Er ist verrückt, denkt Ingrid und geht rüber. Holt es aus dem Bett. Hat schon den Arm naß, bevor sie wieder in der Küche ist.

»Ist er nicht süß, unser kleiner Ralf?« Die Alte beugt sich mit ihrer Schnapsfahne über ihn. »Ja, wo ist er denn? Unser Prinzchen? Ja, gudigudigudigu.« Und pickst ihm ihren Finger gegen den Bauch.

Es stiert sie an. Dann brüllt es los, daß ihm die Spucke aus dem Mund fliegt.

Sie geht mit ihm ins Badezimmer. Es brüllt wie am Spieß. Sie zieht ihm das Hemd hoch, die Hose runter. Der Gestank schlägt ihr entgegen, ehe sie die Pampers offen hat. Scheißen ist alles, was es tut. Scheißen und fressen und brüllen.

Sandra. Wenn's ein Mädchen geworden wäre, hätte sie es Sandra genannt. Klingt so schön. Marika hätte sie auch noch gut gefunden. Weil, so heißen die Mädchen heute nicht mehr. Oder Anna. Nee, Anna nicht. Sandra.

»Was macht denn Marion?« Die Alte. Jetzt kommt das wieder. Marion, Lissi ihr Patenkind.

Durch die halboffene Tür sieht sie, wie die Alte vollgießt. Und trinkt. Beide Hände ums Glas gelegt. »Geht's ihr gut?«

»Ach ... !« Lissi winkt ab, wie immer. Als gäb's keine Worte dafür, wie gut es Marion geht. »Die ... !«

»Hatte die nicht was mit 'nem Dißeiner?«

»Wie? Hab ich dir nich erzählt? Ist doch lange vorbei mit dem Kerl. Nee.«

Und dann ist Marion seit Wochen mit einem Arzt zusammen. Chirurg am Huyssenstift. »Was der verdient ... !« und fährt Porsche. Mindestens Porsche.

»... wieder in Italien. Die machen jetzt schon die Fottos für im Herbst.« Fottos, sagt Lissi.

Jetzt wimmert es leise. Spucke läuft ihm übers Kinn. Warum kann das nicht mal ganz still sein?

Marion. Fotomodell. Wirklich Fotomodell. 'ne Bude in Düsseldorf. Klamotten von der Kö. Japanischer Flitzer. Freunde mit Geld. »Strich oder Laufsteg«, hat sie mal gesagt. Hat keiner für möglich gehalten. Vom wem hat die sich nicht alles vögeln lassen, um hier rauszukommen. Aber geschafft hat sie es. Ist doch egal, wie.

Voriges Jahr war sie im QUELLE-Katalog. Vier mal mit Jeans und Sweatshirt und so. Und einmal für Büstenhalter.

Auf Marion sind alle stolz. Klar.

Marion wird kein Kind kriegen. Jedenfalls nicht, solange sie das nicht will. Und wenn, dann wird sie in 'ne teure Privatklinik gehen. Mit Einzelzimmer, Telefon am Bett und Dusche. »Von einer Tochter entbunden«, steht dann in der Anzeige.

Sie hat ihr Kind bloß gekriegt. Wie man Kopfschmerzen kriegt, oder Schnupfen.

Diesmal nimmt sie Öl zum Abreiben. Das Blag hält still und guckt sie an. Komisch.

Sie weiß noch genau, wo es passiert ist. Und wann. Im Autokino. Arnold Schwarzenegger, Terminator zwei. Mußte Ralf unbedingt sehen. Ist extra dafür nach Breitscheid gefahren mit ihr. In der Karre von seinem Schwager. Hat dann sofort angefangen. Und sie …? Mit Schwarzenegger konnte sie sowieso nix anfangen. Er hat dann vom Film auch nicht viel mitgekriegt. Den Rest noch. Die Woche drauf ist ihre Periode ausgeblieben.

Sie läßt Wasser in die Wanne laufen. Anfangs hat sie das Blag jeden Tag gebadet. Erinnerte irgendwie an früher, mit den Puppen. Dann hat sie einen Tag überschlagen, dann zwei. Jetzt kommt es nur noch freitags dran. Sobald das Wasser läuft, fängt es an zu brüllen.

Kurz vor Weihnachten ist er dann abgehauen. Angeblich nach Bremen und von da aus auf 'nen Bohrturm in der Nordsee. Und kein Brief. Nicht mal 'ne Karte. Im Mai hat Kurt Lewandowski vom Parterre mit seiner Frau 'ne Kaffeefahrt nach Holland gemacht. In Amsterdam hat er ihn gesehen. Hat geschworen, daß es Ralf war.

Baden. Waschen, abtrocknen, eincremen, pudern, wickeln. Manchmal kommt sie mit der Reihenfolge durcheinander. Pudert vor dem Eincremen und so. Dem Blag ist das doch egal. Das schreit trotzdem.

»Jetzt is sie in Miami, mit dem Arzt. Vier Wochen lang, Hauptsaison. Stell dir mal vor.«

»Na, wo Geld ist … Also, mich würd da nix hinziehen.«

Als das Blag kam, ist sie zu Hause rausgeflogen. Ist zu der Alten gelaufen. »Kannst Ralf sein Zimmer haben.« Als wenn sie drauf gewartet hätte. Sie ist geblieben. Was sollte sie denn machen? Mit dem Rotzigen? Ihre Stelle im Salon hatte jetzt 'ne Andere. Bis nach Karnap rauf ist sie gefahren. Hat gefragt. Ihre Zeugnisse vorgezeigt, in Klarsichthüllen. Aber Frisösen wurden nicht gebraucht. Schon gar nicht welche aus Katernberg. Was sollte sie denn machen? Mit vierhundert Mark Sozialhilfe.

Dafür hat die Alte bestimmt, daß das Blag seinen Namen kriegt. Ingrid war das egal.

Es schreit, als würde es durchdrehen. Die Augen zugedrückt. Wie bekloppt. Vielleicht ist es nicht ganz richtig im Kopf. Muß doch 'nen Grund haben, dieses ewige Schreien.

Das Blag ist wie Ralf. Genauso biestig. Und es hat jetzt schon so 'n langes Ding. Lang und spitz. Wie Ralf. Eklig.

Raus kommt sie jetzt abends auch nicht mehr. »Ums Kind mußt du dich selbst kümmern.« Wohin sollte sie auch? Zu wem? Also Fernsehen. Lindenstraße, Guldenburgs, Drombuschs, Ehen vor Gericht, Derrick. Ingrid, die Chipstüte zwischen den Beinen, auf der Couch. Die Alte im Sessel, neben der Flasche.

Seit ihr Mann gestorben ist, läßt sie sich gehen. Hat sie angefangen zu saufen. Und aufgehört, sich zu waschen. Zwei Jahre noch, denkt Ingrid, dann pißt sie sich voll. Dann bleibt das an ihr hängen. Aus Dankbarkeit.

Das war's dann. Ende. Aus. Mit dreiundzwanzig. Ging schnell, denkt sie. Ging verdammt schnell.

Das Blag hört auf zu brüllen. Guckt sie an. Und drückt. Und guckt sie dabei an. Zwischen ihren Armen färbt sich das Badewasser braun. Es stinkt sofort.

»Und im Winter macht Marion Urlaub auf Teneriffa.«

»Wer sich das leisten kann ...«

Und dann schreit es. Mit knallrotem Kopf. Schreit los wie ein Teufel.

»Die ist aus allem raus.«

Es schreit.

»... sechstausend brutto im Monat.«

Sie taucht es unter. Es schreit nicht mehr.

Helga Anderle

Canaima

»In den Urwald, bin ich Tarzan? Nein, danke«, hatte Walter kategorisch erklärt, »ohne mich ... Was ich im Urlaub brauche, ist Ruhe und Erholung ...«

Ingrid seufzte. Ihr Mann war ein hoffnungsloser Fall. Kein Mensch – außer ihm – fuhr noch in den Urlaub, um sich zu erholen. Heute suchte man das Abenteuer, den Kick, den ultimativen Thrill, sogar Achtzigjährige scheuten keine Strapazen, kletterten auf den Gipfel des Kilimandscharo oder durchquerten die Wüste Gobi. Ihr hingen die Adria und Walters Vorstellungen von Urlaub zum Hals raus. Nach sieben Jahren in der ersten Liegestuhlreihe am Strand von Caorle, nach sieben Jahren Pasta, Frutti di Mare, Tiramisu und bleierner Langeweile, brachten sie jedenfalls keine zehn Pferde mehr dorthin.

Seit sie diesen Reisebericht gelesen hatte, kreisten all ihre Träume und Sehnsüchte um Canaima im Dschungel von Venezuela. CA-NAI-MA, allein, wie das klang: exotisch, geheimnisvoll, magisch, das wortgewordene Versprechen auf Abwechslung, Spannung und Nervenkitzel. Wenn nötig, wäre sie auch ohne Walter gefahren, aber mit einem cleveren Schachzug hatte sie ihn doch noch herumgekriegt: Sie schenkte ihm einen sündteuren Safarianzug, und als ob der Geist Dr. Livingstones in ihn gefahren wäre, gab er grünes Licht. Ingrid war sofort losgerannt und hatte die Reise gebucht, ehe er es sich anders überlegen konnte.

Und jetzt saßen sie endlich – ausgerüstet mit Malariatabletten, Fotokamera, Präzisionsfernglas und fiebernd vor Aufregung – in dem Aviasa-Jet, der sie, in knapp zwei Stunden von Caracas aus, mitten im Urwald absetzen würde. Doch kurz vor der Landung geriet die Maschine in ein heftiges Gewitter und begann wild zu schaukeln. Die Latinos unter den Passagieren holten ihre Rosenkränze hervor, die Gringos griffen zu den Brechtüten, und erst als der Flugkapitän verkündete, daß sie vorsichtshalber nach Ciudad Bolivar zurückkehren und dort auf bessere Wetterbedingungen warten würden, beruhigte sich die Lage wieder einigermaßen.

Der Aufenthalt in dem brütend heißen Flughafengebäude, ein Blitzschlag hatte die Klimaanlage lahmgelegt, dauerte vier Stunden. Walter konnte dem Zwischenfall nichts abgewinnen, aber Ingrid war hellauf begeistert. So und nicht anders mußte ein richtiger Abenteuerurlaub beginnen.

Beim zweiten Start waren die Wolken spärlicher, und Ingrid konnte vom Fenster aus den Orinoco sehen, der sich breit und mächtig durch den Dschungel wälzte. Unzählige schmale Flußläufe schlängelten sich aus allen Richtungen durch den grünen Teppich auf den großen Strom zu. Als sie zum Landeanflug ansetzten, schien die Sonne, nur die tiefen Pfützen auf der Landebahn zeugten noch von den heftigen Regengüssen.

Gepäck und Touristen wurden auf Lastwagen und Jeeps verteilt, und in wenigen Minuten waren sie beim Camp angelangt. An der Einfahrt passierten sie ein Schild, auf dem *Bienvenidos Parque Nacional de Canaima* stand. Bis in die fünfziger Jahre war die Barackensiedlung Ausgangspunkt für Goldsucher, Diamantenjäger, Buschpiloten und Kautschuksammler gewesen. Heute im Zeitalter des Jetset-Tourismus landete täglich eine Maschine auf der holprigen Dschungelpiste, und die 24-Stunden-Urwald-und-zurück-Trips waren ständig ausgebucht. Nach Gold brauchte hier keiner mehr zu suchen: Bei einem Tagessatz von 300 Dollar pro Kopf – Ausflüge extra – war das Betreiben des Camps ertragreicher als jede Goldgrube.

Sofort nach ihrer Ankunft lernten Ingrid und Walter die beiden Guides kennen, die sie während des Aufenthalts betreuen und auf den Dschungeltouren begleiten würden. Es waren zwei Indios, Cliff und Masterson mit Namen, die khakifarbene Tarnanzüge trugen und Englisch und Spanisch sprachen. Wie Ingrid herausbekam, waren sie von einer amerikanischen Sekte missioniert worden, welchem Stamm sie angehörten und wie sie in Wirklichkeit hießen, verrieten ihr die eher wortkargen Burschen aber nicht.

Ingrid und Walter waren froh, daß die Rundhütte im Indiostil, die man ihnen in der Rezeption zugeteilt hatte, nur für zwei Personen war. Im Reisebüro war man nicht sicher gewesen, und sie hatten schon befürchtet, das Lager mit mehreren Touristen teilen zu müssen. Im Inneren der Hütte roch es modrig. An den Wänden hatte der Regen, der durch das Schilfdach sickerte, schleimige, schwarzgrüne Schlieren hinterlassen. Die Einrichtung war spartanisch. Zwei getrennt stehende Betten, ein Tisch, zwei Stühle. Von der Decke baumelte eine nackte Birne, die nur ein flackerndes, funzeliges Licht gab. Das Wasser aus der Dusche war kühl und so braun wie Coca Cola, statt eines Moskitonetzes über den Betten waren einfache Fliegengitter vor die Fenster gespannt.

»Alles first class, willkommen im Ritz des Dschungels«, kommentierte Walter spöttisch.

Bis sie ihre Sachen verstaut hatten, war es draußen stockdunkel geworden. Die Kantine war leicht zu finden. Sie brauchten nur den anderen hungrigen Gästen zu folgen, die, alle gleichzeitig aus ihren Cabanas kommend, darauf zustrebten. Ingrid und Walter machten es wie die anderen, klemmten sich Tabletts unter den Arm und stellten sich in einer langen Schlange für das Essen an. Es herrschte ein babylonisches Sprachgewirr, am häufigsten wurde jedoch Englisch und Spanisch gesprochen. Ingrid kam mit vier mittelalterlichen Amerikanerinnen ins Gespräch, die schon überall, einschließlich in Patagonien, herumgetrampt waren, und anschließend zum Dschungeltrip nach Peru weiterwollten. Sie erzählten Ingrid, daß die Schauspielerin Shirley McLane auf dem Höhepunkt ihrer Peru-Reise Kontakt mit Außerirdischen gehabt hätte und sie sich auf ihren Spuren wandelnd ähnlich faszinierende Begegnungen erhofften.

Walter beteiligte sich nicht an ihrem Gespräch, sondern

verdrehte nur die Augen und stocherte lustlos in dem zerkochten Fisch auf dem Teller herum. Ingrid ärgerte sich über sein Getue. Als ob er mitten im Dschungel ein Haubenmenü erwarten könnte, wo doch alles, was zur Versorgung der Touristen benötigt wurde, eigens täglich eingeflogen werden mußte.

Es war noch zu früh, um schon zu Bett zu gehen, und weil andere Touristen in das Restaurant nachdrängten, schlossen sich Ingrid und Walter den vier Amerikanerinnen noch auf einen Schlummertrunk in der Bar an. Nach einigen *Cuba libres* taute Walter etwas auf und begann sich mit zwei Deutschen, die sich zur Runde gesellt hatten, zu unterhalten. Ingrid bekam nur mit, daß sie Entwicklungshelfer in Costa Rica waren und den Dschungel gut kannten.

Walter, gerade am Wort, verstummte plötzlich und packte Ingrids Hand. »Da schau mal, sind das nicht unsere beiden Indios ... dort an der Bar?«

Ingrid reckte den Hals. Tatsächlich, es waren Cliff und Masterson, sinnlos betrunken. Walter fand es empörend, ihr taten die Burschen leid. Bestimmt waren sie glücklicher gewesen, bevor die Zivilisation sie eingeholt, ihr einfaches Leben zerstört und sie ihrer Kultur entfremdet hatte. Was sollten sie denn schon mit dem Geld anfangen, wenn sie doch alles, was sie zum Leben brauchten, im Camp bekamen? Inklusive dem Schnaps, den ihnen vermutlich irgendein gönnerhafter Erste-Welt-Mensch spendiert hatte.

Durch den Lärm in der Bar hatten sie von dem Gewitter draußen nichts mitbekommen. So rasch es in der Dunkelheit ging – der Generator war ausgefallen, und außerhalb des Restaurants brannte nirgends Licht – kämpften sie sich durch den Wasservorhang bis zu ihrer Cabana. Eine Ansammlung riesiger Cucarachas stob blitzschnell auseinander, als es Walter endlich gelang, die Petroleumlampe anzuzünden. Draußen vor dem Camp hatte mittlerweile ein Chor aus tropischen Stimmen angehoben, aus dem vereinzelt verstörende, schrille Schreie drangen.

Walter schlief trotzdem rasch ein, aber Ingrid lag lange wach und lauschte dem polyphonen Zirpen, Quaken und

Knurren, ohne daß sie eines der unheimlichen Geräusche identifizieren konnte. Verängstigt zog sie sich die Decke über den Kopf. Es hatte keinen Sinn, sich etwas vorzumachen, sie war ein Eindringling in dieser fremden Welt, jemand, der nicht hierher gehörte ...

Am nächsten Morgen war alles vergessen, die Sonne schien, und jetzt erst konnte man die grandiose Schönheit der Landschaft erkennen. Das Camp erstreckte sich entlang einer Lagune, in die sich fünf mächtige Wasserfälle ergossen. Am fernen Horizont zeichneten sich die Tafelberge, die Tepuis, ab, riesige, über tausend Meter hohe, urzeitliche Felsgebilde, die teilweise immer noch unerforscht waren. Die Indios glaubten, daß die Götter darin wohnten. Ingrid kannte den Urwald nur als grüne Hölle aus Filmen und Romanen. Jetzt tat sich eine paradiesische Landschaft vor ihr auf, jungfräulich und unversehrt, wie am ersten Schöpfungstag. Keine Spur von stickig-heißer Schwüle, die Luft war angenehm frisch und kam ihr geradezu balsamisch vor.

»Ist es nicht wunderschön hier? So muß es im Paradies gewesen sein«, sagte sie ergriffen.

Walter ließ das Fernglas sinken und schüttelte den Kopf. »Du bist vielleicht eine romantische Närrin ... Von wegen Paradies, die Hölle ist das hier, nichts als Gewitter und Regen. Eine unwirtliche Gegend, in der nichts gedeiht. In den Flüssen ist so wenig Sauerstoff, daß höchstens drei, vier Fischarten darin überleben, an Land gibt es kaum Tiere, die die Indios jagen könnten. Nicht umsonst gilt Canaima für sie als der Inbegriff des Bösen.«

Ingrid biß sich auf die Lippen. Es war immer das gleiche: mit ein, zwei Sätzen konnte Walter augenblicklich jeden schönen Moment, jede Stimmung versauen. Diesmal, das schwor sie sich, würde ihm das nicht gelingen.

Doch ein wenig enttäuscht war sie schon, als sie an der Rezeption erfuhren, daß der geplante Flug zum Salto Angel, dem höchsten Wasserfall der Welt – und die Hauptattraktion von Canaima -, wegen der unsicheren Wetterlage ausfallen mußte. Stattdessen konnten sie sich einer von

Cliff und Masterson geführten Gruppe anschließen, die am Nachmittag zum Salto Sapo aufbrechen wollte.

»Haben wir dabei die Chance, irgendwelche Tiere zu sehen?« wollte Ingrid wissen.

Masterson zuckte die Achseln. »Quien sabe? Vielleicht.«

»Schlag dir doch endlich deine Dschungelbuch-Vorstellungen aus dem Kopf«, sagte Walter, nachdem der Indio gegangen war. »Wenn du so versessen auf Tiere bist, hätten wir lieber nach Kenia fahren sollen, hier gibt es keine.«

Der Ausflug war nach dem Lunch vorgesehen. Masterson, Cliff und vier weitere Touristen warteten schon beim Bootssteg an der Lagune. Den ersten Teil der Strecke wollte man auf dem Wasser zurücklegen. Die Indios verteilten grellrote Schwimmwesten und halfen ihnen in die einbaumähnliche, motorbetriebene Curiara. Je näher sie den Wasserfällen kamen, desto dichter wurde die schmutzigbraune Schaumkrone auf der Wasseroberfläche.

Ingrid hielt die Finger ins Wasser: »Igitt, sieht das unappetitlich aus, als ob man dreckige Wäsche darin gewaschen hätte.«

Walter, das Lexikon, mußte sie natürlich sofort korrigieren: »Dreck? Nirgendwo sonst auf der Welt sind die Flüsse sauberer als hier, der braune Schaum kommt vom hohen Thanningehalt des Wassers.«

Sie waren jetzt gefährlich nahe bei den Wasserfällen, und Cliff stoppte und nannte ihnen die Namen der einzelnen Katarakte.

Nachdem das Boot vertäut worden war, ging es zu Fuß weiter. Das Gelände war leicht ansteigend, Bäume wuchsen hier nur spärlich, dafür gab es jede Menge Sträucher und Pflanzen entlang des ausgetretenen Pfades. Immer wieder mußten sie großen Pfützen ausweichen, die manchmal knietief waren. Tiere sahen sie keine, nur graue Termitenhügel, steinharte kegelförmige Gebilde, die abstrakten Skulpturen ähnelten, und einmal entdeckte Ingrid einen auffallenden lila Fleck mitten im stacheligen, harten Gras: eine einzelne Orchidee.

Sie war weder besonders groß, noch besonders schön,

trotzdem wollte Ingrid sie fotografieren. Masterson blieb bei ihr.

»Um diese Zeit ist das eine Ausnahme«, erklärte er, »ihre Blütezeit ist im Mai, dann ist hier alles voll davon.«

Der Weg führte jetzt steil bergab. Die Indios stützten die Touristen, damit sie auf dem glitschigen Boden nicht ausrutschten. Dann standen sie vor dem Salto Sapo, dem Frosch-Wasserfall. Es war geplant gewesen, hinter dem Wasservorhang ans andere Ufer zu gelangen, aber daraus wurde nichts. Durch die heftigen Regenfälle war die Aushöhlung überflutet und unpassierbar.

Die Gruppe kletterte wieder nach oben, Ingrid als vorletzte, gefolgt von Masterson. Als sie sich mit Hilfe eines Astes hochziehen wollte, sah sie etwa einen halben Meter von ihrem Gesicht entfernt einen Frosch sitzen. Den niedlichsten, den sie je gesehen hatte. Nicht viel größer als ihr Daumen, glänzend schwarz mit roten Tupfen, wie ein Spielzeug. Entzückt streckte Ingrid die Hand nach ihm aus. Er sprang im gleichen Moment, als Masterson schrie und ihr hart auf die Finger schlug.

Natürlich ließ Walter die Gelegenheit nicht aus, sie vor allen anderen zusammenzustauchen: »Was für ein unglaublicher Leichtsinn! Wann wirst du endlich kapieren, daß du hier nicht in Disney-Land bist ... das Vieh war bestimmt hochgiftig!«

Vor Schreck und Scham traten Ingrid Tränen in die Augen, und sie wünschte insgeheim, daß sich vom nächsten Baum eine Riesenschlange herunterlassen und Walter auf der Stelle auffressen würde.

Sie waren kaum im Camp zurück, als wieder der Regen einsetzte. Es hätte keinen Sinn gehabt, sich umzuziehen; naß wie sie waren, gingen sie zum Abendessen in die Kantine. Vor dem Schlafengehen hängten sie ihre Kleider zum Trocknen auf, aber am nächsten Morgen waren sie noch immer feucht. Zum Glück hatten sie Ersatzsachen mit, nur an ein zweites Paar Schuhe hatten sie nicht gedacht, und so mußten sie sich in die nassen hineinzwängen.

Ingrid, die als erste fertig war, ging — während Walter

sich noch rasierte – zur Rezeption, vielleicht klappte es diesmal mit dem Flug zum Salto Angel. Mutter Natur spielte jedoch wieder nicht mit. Über dem Camp war der Himmel noch blau, aber die Tepuis verschwanden bereits im Nebel und überall ballten sich tropische Regenwolken zusammen. Der Flug war gestrichen.

»Sie bieten als Ersatz eine Tour zu einer Indiosiedlung am Carraofluß an. Es gab nur noch wenige Restplätze, ich hab uns gleich angemeldet«, berichtete Ingrid ihrem Mann beim Frühstück.

Walter zog ein Gesicht. Was, wenn er sie für ihre Eigenmächtigkeit bestrafte und sie allein fahren ließe, überlegte er im Stillen. Nein, das konnte er ihr nicht antun, wer weiß, was ihr alles zustoßen würde, so naiv und leichtsinnig wie sie war. Ohne ihn war sie hilflos, sie brauchte ihn als Aufpasser. »Hättest mich zumindest vorher fragen können«, brummte er grantig.

Ingrid versetzte ihm einen spielerischen Kinnhaken. »Ach komm schon, Dr. Livingston!«

Ein paar Indiokinder liefen schreiend und winkend hinter den drei vollbesetzten Lastwagen her, die nacheinander aus dem Camp fuhren. Es gab keine Straßen, nur holprige Wege, auf den harten Holzbänken war jeder Stein, jedes Loch schmerzhaft zu spüren. Sie fuhren etwa zwei Stunden durch die Savanne, immer in Richtung der Tepuis. Ingrid hatte eine Kamera und ein Fernglas dabei, doch so sehr sie ihre Augen anstrengte, Tiere waren keine zu sehen.

Auf einer Lichtung hielten die Lastwagen an, und bis zum Flußufer, wo sie in die wartenden Curiaras umstiegen, mußten sie zu Fuß gehen. Das Boot steuerte auf die Strommitte zu, wo es, angetrieben von der starken Strömung, pfeilschnell durch das gischtige Wasser schoß. An den Ufern stand der Urwald undurchdringlich wie eine Mauer. Einmal hatten sie Glück und sahen einen Papageienschwarm, der kreischend von einem mächtigen Baumriesen aufflog. Ingrid war begeistert und knipste, bis ihr der Film ausging.

Unmittelbar danach setzte wieder ein sintflutartiger Regenguß ein. Die Indios verteilten rasch gelbe Umhänge aus Plastik. Trotzdem waren sie augenblicklich bis auf die Unterwäsche klitschnaß.

Ingrid machte das nichts aus, die Frisur war ihr längst egal, schließlich waren sie in der Wildnis. Nur Walter meckerte herum, daß sie sich zusätzlich zu Gelbfieber und Thyphus womöglich noch eine Lungenentzündung holen würden, wenn sie nicht vorher ertranken. Tatsächlich war das Boot kaum noch zu manövrieren und schwankte bedrohlich. Kurz darauf ging die Information durch, daß sie wegen der gefährlichen Strömung in einen Nebenarm des Flußes ausweichen würden. Sie würden aber auch auf diesem Weg zu einer Indiosiedlung gelangen.

Äste und Zweige hingen nun so knapp über dem Wasser, daß sie wie durch einen Tunnel fuhren und die Köpfe einziehen mußten. Nach einer Weile bemerkte Ingrid, daß ihnen die beiden anderen Boote nicht mehr folgten. »Hoffentlich ist ihnen nichts passiert«, sagte sie mit unsicherer Stimme zu ihrem Mann.

»An deiner Stelle würde ich mir mehr Sorgen machen, ob wir dieses Abenteuer heil überstehen werden«, versetzte Walter düster.

Ingrid drückte sich verängstigt an ihn, ihm gegenüber würde sie es nie zugeben, aber wenn sie ehrlich war, dann war ihr Bedarf an Abenteuer gedeckt.

Die Siedlung war enttäuschend klein. Ein paar armselige Hütten, dicht beieinander, das war alles. Überhaupt nicht pittoresk, sondern trostlos und primitiv. Im Grunde bestanden sie nur aus einem mit Palmblättern gedeckten Dach, das auf vier Pfeilern ruhte, und einer Trenn- oder Stützwand in der Mitte.

Ein bunter Papagei saß auf einer hohen Stange und begrüßte die Ankömmlinge, indem er mit den gestutzten Flügel schlug und laut kreischte. Ein halbverhungerter Hund an der Kette gab keinen Laut von sich. Ingrid beugte sich zu ihm, um ihn zu streicheln, trat aber erschrocken zurück, als sie die häßlichen offenen Wunden auf seinem Rücken bemerkte.

In dem einen Teil einer Hütte gab es eine Feuerstelle, neben der zwei Indiofrauen und mehrere Kinder kauerten. Die Frauen hatten schwarzes, verfilztes Haar, das struppig vom Kopf abstand, trugen graue, sackähnliche Kleider, und ihre Mienen waren abweisend und verschlossen. Die Kinder waren nackt, mit aufgetriebenen Bäuchen; auch sie lächelten nicht.

Walter, der offenbar das Eis brechen wollte, hockte sich zu ihnen und sprach sie auf Spanisch an. Außer einer verklebten Rolle Pfefferminzdrops hatte er nichts bei sich, was er ihnen schenken konnte. Die Kinder wichen vor seinen Annäherungsversuchen zurück, klammerten sich an ihre Mütter und versteckten die Köpfe. Die Frauen wandten sich gleichfalls ab, rückten eng zusammen und igelten sich ein.

Ingrid war enttäuscht, sie hatte sich die Begegnung mit den Eingeborenen ganz anders vorgestellt. Trotzdem ärgerte sie sich, daß Walter nicht aufgab und die Frauen weiterhin bedrängte. Konnte er nicht verstehen, daß sie sich belästigt fühlten? Wie würde denn umgekehrt ihnen zumute sein, wenn unerwartet eine Horde Fremder in ihre Wohnung einfiel, durch ihr Wohnzimmer trampelte, alles anfaßte und sie aufdringlich und neugierig musterte?

Der Regen tropfte durchs Dach, alle standen mit langen Gesichtern da, nur die vier Spanier, Geschäftsleute aus Barcelona, veranstalteten ein lautes Palaver, daß sie die Schnauze voll hätten und augenblicklich ins Camp zurückgebracht werden wollten. Die Guides hörten sich ihr Geschrei mit unbewegten Gesichtern an und zuckten mit den Achseln, daran sei im Moment nicht zu denken, man müsse bessere Wetterbedingungen abwarten. Es gab keine Sitzgelegenheiten, kein einziges trockenes Plätzchen.

Was, wenn sie hier die Nacht verbringen mußten, fragte sich Ingrid deprimiert. Langsam begann sie zu frösteln, Hunger hatte sie auch. Sie sehnte sich zurück in die Zivilisation. Ein bequemes Bett, heißes Wasser, trockene Kleider und vor allem trockene Schuhe. Was war das überhaupt für eine merkwürdige Siedlung, mit nur drei Hütten? Wo waren die anderen Mitglieder des Stammes?

Bestimmt gab es weiter landeinwärts ein Dorf mit einem Haupthaus, wo sie unterkommen konnten. Sie sah sich nach Cliff und Masterson um, konnte sie aber nirgends entdecken. Stattdessen bemerkte sie zwischen den Häusern einen Pfad mit Fußspuren, die in das Dickicht hineinführten. Ohne lange zu überlegen, ging sie ihnen nach.

Der muffige Geruch kalten Schlamms stieg ihr in die Nase, und auf dem klebrigen Boden, aus dem überall Wurzeln herausstanden, war es nicht leicht, das Gleichgewicht zu halten. Sie trat auf etwas, das mit einem eigenartigen Knirschen unter ihren Füßen zerbrach. Auf den ersten Blick hätte man das Ding für ein verblichenes Holzstück halten können. Ingrid hob es auf, um es genauer anzusehen. Es war eine etwa 40 Zentimeter lange Röhre, an den Enden zackig gesplittert, zu hart für Holz ... Ein Knochen? Wenn, dann mußte er von einem großen Tier stammen, einem Jaguar vielleicht oder einem Puma? Aber hatten ihnen die Indios nicht erzählt, daß es hier keine Tiere gab?

Ingrid sah mit einem Mal das Skelett aus der Biologiestunde vor sich. Kein Zweifel: Das, was sie in der Hand hielt, war das Fragment eines menschlichen Oberschenkelknochens.

Blindlings rannte sie los. Sie mußte zu den anderen, sie warnen, daß sie hier in der Falle saßen. Panische Angst gaukelte ihr die schrecklichsten Bilder vor; oder waren die Indios tatsächlich geräuschlos und unsichtbar schon hinter ihr her? Sie stolperte, fiel hin, Blätter und Zweige regneten auf sie herab. Sie schrie, spuckte Dreck und Erde aus, rappelte sie sich wieder hoch und rannte weiter. Hörte denn niemand ihr Schreien? Wieso kam ihr keiner zu Hilfe? Wo waren die anderen?

Sie spürte den leichten Piks am Arm, wie einen Insektenstich. Als sie über die brennende Stelle fuhr, um sich zu kratzen, sah sie einen kleinen Pfeil in ihrem Arm stecken. Curare fiel es ihr siedendheiß ein, augenblicklich lähmendes Gift. Eine kurze Zeit lang widersetzte sich ihr Körper, dann breitete sich die Lähmung rasch von oben nach unten aus. Die Beine knickten ihr ein, und sie fiel vornüber. Verschwommen nahm sie wahr, daß sie nicht wie erwartet hart, sondern weich landete: inmitten eines Haufens aufgeschichteter, menschlicher Körper. Alles gutgenährte Abenteuertouristen, hergelockt in diese gottverlassene Gegend, in der es weder Wild noch Fische gab: als willkommene Abwechslung des kargen Speiseplans und unentbehrliche Proteinlieferanten.

Andreas Schlüter

Der letzte Wink

Heute winkte sie nicht. Immer stand Erika Schlemmer am Bahnhof und winkte. Ob es morgens um fünf war oder Mitternacht. Treu begleitete sie ihren Mann zum Bahnhof, nachdem sie seinen Koffer gepackt hatte. Gewissenhaft achtete sie darauf, daß er nicht irgendeine Tasche auf dem Bahnsteig stehen ließ. Dann zupfte sie noch einmal seine Krawatte gerade, putzte ihm den letzten Fussel vom Mantel, auch, wenn keiner da war, hauchte ihm ein Abschiedsküßchen auf die Wange, wartete und winkte. Bei jeder Geschäftsreise war das so. Obwohl es sich Heinz Schlemmer in den vergangenen Jahren abgewöhnt hatte, noch aus dem Fenster zu blicken, bis er seine Frau nicht mehr sah. Er steckte sofort seine Nase hinter eine Zeitschrift oder seinen Geschäftsunterlagen und las. Trotzdem wußte er, daß sie da stand und winkte. Immer.

Heute nicht. Aber heute war es ja auch keine Geschäftsreise.

Beileibe nicht!

Entspannt streckte Heinz Schlemmer seine Beine aus und blickte zur Seite auf seine Reisegefährtin. Wie schön sie war! Und wie jung! Noch keine dreißig. Sie hätte seine Tochter sein können. Na und? Wo die Liebe hinfällt, da spielt das Alter keine Rolle. Kaum ein halbes Jahr war es her, daß er sie kennengelernt hatte, in Berlin während einer Geschäftsreise. Vom ersten Moment an war er von der Empfangsdame des Hotels Berlin fasziniert gewesen. Sofort hatte er gewußt, daß er ihr auch gefiel. Himmel, wie lange hatte er solche Gefühle nicht mehr gespürt? Zwanzig Jahre? Dreißig? Egal, Heinz Schlemmer fühlte sich wie neugeboren.

Warum konnte Erika das nicht verstehen? Gut, sie war

immer für ihn dagewesen. Hatte ihr Studium abgebrochen, damals. Um ihn zu unterstützen in seinem Aufstieg. Und wenn schon! Das Geld hatte halt seinerzeit nicht gereicht, daß beide ihr Studium hätten abschließen können. Schließlich hatte er es ja auch geschafft. Vertriebsleiter in der Pharmaindustrie. Vorstandsmitglied. Auch Erika hatte nicht schlecht gelebt dabei. Auch jetzt sollte es ihr an nichts mangeln. Geizig war er nicht. Das konnte niemand behaupten. Eine satte Abfindung hatte er ihr versprochen. Und Unterhalt, nicht zu knapp. Wenn sie nur in eine Scheidung einwilligen würde!

Aber Erika weigerte sich. Gönnte ihm nicht sein spätes Glück. »Flausen«, hatte sie es genannt. »Dritter Frühling eines frustrierten Opas.« Opa! Als wäre er mit seinen 55 Jahren schon mit einem Bein im Grab!

Ärgerlich schüttelte Heinz Schlemmer die Gedanken von sich. Er betrachtete die schlanken Beine seiner Geliebten. Lang und wohlgeformt ragten sie unter dem kurzen Rock hervor, behutsam aufbewahrt in schwarzen Nahtstrümpfen. Wie in Geschenkpapier, dachte Heinz. Eine euphorische Stimmung stieg wieder in ihm auf und vertrieb vollends die Wut über seine Frau. Langsam krabbelten seine Blicke an seiner Freundin hinauf. Über den engen knallroten Rock, die Wespentaille entlang zum tiefen Ausschnitt ihres Blazers, unter dem sie nichts als einen schwarzen, leicht durchsichtigen Spitzenbüstenhalter trug. Sein Blick ruhte sich dort einen Augenblick aus und machte einen Ausflug ins bevorstehende Bett, das in der französischen Schweiz auf sie wartete. Endlich ungestört allein, schwärmte Heinz Schlemmer gedankenverloren.

Drei Monate ging nun schon der Streit mit Erika über die Scheidung. Sie blieb stur und weigerte sich. Zwischendurch immer wieder die Geschäfte. Kaum Zeit, sich ganz seiner neuen Liebe hinzugeben, die noch immer in Berlin wohnte. Vier Stunden Fahrt von Frankfurt aus. Aber dann hatte er entschieden. Drei Wochen Urlaub in der Schweiz. Danach sollte Erika zustimmen oder bleiben, wo der Pfeffer wächst. Er würde ausziehen, so oder so, und das Haus verkaufen. Was Erika dann machte, war ihre Sache. Sein Blick wanderte weiter zum dezent geschminkten Gesicht. Monika schlief. Wie ein Engel. Heinz lächelte, schloß die Augen und nickte ebenfalls ein.

Schlemmer atmete tief durch. Er genoß den würzigen Geruch der frischen Wiesen, lauschte lächelnd dem immerwährenden Glockenspiel der weidenden Kühe und sog langsam, Blick für Blick, das Panorama der Bergkette in sich auf, die sein kleines Paradies vor der lauten und bedrohlichen Geschäftswelt da draußen abschloß. Zufrieden seufzend ließ sich Schlemmer auf eine Sitzbank fallen, nahm den dicken Baumast zur Hand, den er am Wegesrand unter einem umgekippten Baum hervorgezogen hatte, und begann, sich daraus einen Wanderstock zu schnitzen.

»Das habe ich zuletzt als kleiner Junge gemacht«, strahlte er. Monika schmunzelte Heinz an, kramte einen kleinen Fotoapparat aus ihrem Rucksack und knipste drauf los: Heinz beim Schnitzen, Heinz macht Pause vom Schnitzen, Heinz wischt sich den Schweiß ab, Heinz beim Schnitzen.

Entschlossen sprang Heinz mit einem Ruck auf »Und jetzt«, kündigte Schlemmer voller Tatendrang an, »sammeln wir frische Pilze und kochen uns ein zünftiges Abendessen!«

Monika schaute Heinz ungläubig an. »Verstehst du denn etwas von Pilzen?« fragte sie unsicher.

Heinz winkte ab. »Laß mich nur machen«, antwortete er bestimmt. »Ich komme schließlich aus der Pharmaindustrie. Da kenne ich mich mit Giften aus.«

»Fünfzig Mark!« konterte Monika.

»Wie bitte?«

»Fünfzig Mark«, wiederholte Monika. »Wir hatten abgemacht, wer im Urlaub die Arbeit erwähnt, zahlt fünfzig Mark in die Kasse, die wir am letzten Tag auf den Kopf hauen. Du bist jetzt schon bei zweihundertfünfzig. Und das am ersten Tag!«

»Schon gut, schon gut«, entschuldigte sich Schlemmer. »Solange ich sie mit dir verbraten darf, packe ich noch freiwillig ein paar Hunderter drauf.« Heinz umschlang seine Monika und schlenderte in den Wald zum Pilzesuchen.

»Voilà, une lettre expréss pour un certain Monsieur Schlemmer. Est-ce que je suis bien ici?« fragte der Briefträger.

Heinz Schlemmer verstand kein Wort. Monika nahm den Brief entgegen, bedankte sich und sagte dem Postmenschen offensichtlich noch einige nette Worte im feinsten französisch. Jedenfalls lächelte er plötzlich sehr freundlich. Naja, gelernt ist gelernt, dachte Heinz und blickte Monika fragend an.

»Ein Eilbrief für dich«, klärte sie ihn auf.

Heinz' Miene verfinsterte sich. »Sag bloß von der Firma?« Zwei Wochen hatte er das Paradies auf Erden erlebt. Er hatte schon überlegt, ob er den Urlaub nicht einfach verlängern sollte. Und jetzt wollte seine Firma ihn womöglich noch eine Woche früher als geplant zurückholen.

»Von deiner Frau«, las Monika auf dem Absender und überreichte Heinz den Brief. Heinz' Miene verfinsterte sich noch mehr.

»Was will die denn?« murmelte er vor sich hin und riß den Umschlag auf. Er las. Dann warf er den Brief in die Luft und stieß einen Jubelschrei aus. Er rannte auf Monika zu, umarmte sie, riß sie vom Boden und schwang sie mit drehenden Tanzbewegungen durch die Lüfte. »Scheidung!« juchzte er. »Erika willigt in die Scheidung ein! Sie hat sie schon beantragt. Sie hat ein paar Formulare geschickt, die ich unterschreiben muß.«

Er setzte Monika wieder ab, hob die Zettel vom Fußboden auf und zeigte sie stolz seiner Geliebten. »Hier! Sogar mit adressiertem Rückumschlag. Typisch Erika. Penibel bis ins Letzte.«

Heinz hastete an den Eßtisch und ordnete die Formulare. Flüchtig las er sie durch. »Weißt du was?« sagte er zu Monika, ohne dabei aufzublicken. »Ich mache das gleich alles fertig. Dann kannst du den Brief sofort einstecken, wenn du gleich zum Einkaufen fährst. Bevor Erika es sich doch noch anders überlegt.«

Monika grinste. »Das mache ich sofort«, lächelte sie. »Ich bringe es zur Post. Auch als Eilsendung.«

Heinz kicherte. Monika zog sich Schuhe und Mantel an. Schlemmer unterschrieb die Formulare, stopfte sie in den beigelegten Umschlag, leckte die Gummierung an und wollte ihn zukleben. – Ohne Erfolg.

»Scheiß Papierindustrie«, fluchte er vor sich hin, suchte in der Küche des Wochenendhäuschens nach etwas Klebstoff, fand welchen und schloß den Umschlag.

Monika nahm den Brief, verabschiedete sich mit einem Küßchen auf die Stirn und huschte hinaus ins Mietauto. »Und eine Flasche Champagner bringe ich auch mit«, rief sie noch im Hinausgehen.

Heinz schlenderte zum Fenster und sah ihr nach. Er atmete tief durch. Aber es ging nicht. Er versuchte es nochmal.

Himmel, er bekam keine Luft! Was war los? Er bewegte den Mund wie ein Karpfen im überfüllten Aquarium. Er japste nach Luft. Sie erreichte seine Lungen nicht. Er krallte sich an den Fensterrahmen fest. Er klopfte an die Scheibe. Monika blickte aus dem Auto zu ihm. Er winkte. Monika startete den Wagen. Heinz röchelte und winkte heftiger. Monika mißverstand das gründlich und winkte eifrig und glücklich zurück. Heinz ruderte mit den Armen. Monika hupte ausgelassen und fuhr los. Heinz faßte sich an die Kehle.

Am nächsten Morgen bekam Erika Post von ihrem Mann.

Einen Eilbrief.

Es konnte ihm gar nicht schnell genug gehen, dachte sie verbittert. Sie verbrannte den Brief ungeöffnet. Niemand würde je auf die Idee kommen, daß sie die Gummierung des Rückumschlages mit dem Gift des Knollenblätterpilzes bearbeitet hatte. Pilzvergiftungen kommen doch immer wieder vor, dachte sie. Und der einzige Beweis kokelte im Klo gerade vor sich hin.

H. P. Karr & Walter Wehner

Ruhr-Connection oder: Die Wiege der Kohle

Gonzo nahm Maß und gab Gas. Trotzdem schrammte das Wohnmobil einen anständigen Brocken aus der Ecke der Toreinfahrt zum Hinterhof an der Altenessener Straße. Gonzo fluchte. Damit war schon mal seine halbe Urlaubskasse zum Teufel. Er rollte an seinem neuen Firmenschild in der Einfahrt vorbei: *Gonschorek Videoproduktion — TV und Werbung.*

Kostenpunkt 127,30 Mark plus Montage, bloß damit gleich am nächsten Tag kryptische Edding-Schmierereien darauf zu wuchern begannen.

Im letzten Moment entdeckte Gonzo den gelben SEAT im Rückspiegel. Er stieg auf die Bremse und schwang sich aus dem Wagen. »Hau da ab, du Arsch!«

Die Tür des SEAT ging auf. Gonzo sah lange Beine in engen Jeans, dann ein *Tötet Onkel Dittmeyer*-T-Shirt und schließlich Mareis zuckersüßes Lächeln. »Hallo Gonzo. Ich war gerade im Lande und dachte ...«

»Von allen Videoproduktionen der Welt schneist du ausgerechnet in meine rein!« sagte er. »Warum bist du hier?«

Marei grinste. »Wegen der Quellen.«

»Hier gibt's keine Quellen!«

»Ja, dann hat man mich falsch informiert.«

Marei, die Superreporterin, oder, wie es unter Kollegen hieß: »Die Domina der Voyeure.« Gonzo kannte sie noch aus seinem früheren Leben als festangestellter WDR-Kameramann. Damals war Marei gerade von der Zeitung ins Landesstudio Dortmund gekommen und hatte sich von ihm alles über elektronische Kameraarbeit beibringen lassen.

Sie wischte sich den Schweiß von der Stirn. Unter *Onkel Dittmeyer* zeichneten sich ihre feuchten Brüste ab. Hundstage, seit Anfang der Woche schon. Temperaturen bis 37 Grad, die Sonne knallte voll durch das Ozonloch, und die Knappschaftsrentner fühlten sich in der Hitze wieder wie »vor Kohle« auf der siebten Sohle.

»Hör auf zu glotzen.« Marei zog *Onkel Dittmeyer* straff. »Du scheinst der einzige Kameramann zu sein, der nicht in Urlaub ist.«

»Tja, da hat man dich falsch informiert!« Gonzo zeigte auf das Wohnmobil. »Zwei Wochen Meckpomm. Heute abend geht es los.«

»Meckpomm?«

»Mecklenburg-Vorpommern. Wir aus den Bindestrichländern müssen zusammenhalten.«

»Wenn du mich jetzt hängen läßt, erzähle ich den Redaktionen, wie du sie mit deiner Neonazi-Olympia-Schutzstaffel verarschen wolltest«, sagte sie.

Gonzo stemmte die Fäuste in die Hüften. Sein Polyester-Hawaiihemd klebte wie eine zweite Haut am Körper.

Marei schenkte ihm ihr schmales Domina-Lächeln. »Ganz einfache Kiste. Regionalfernsehen, Fünf-Minuten-Reportage.«

»Ach, backen wir jetzt wieder kleine Brötchen?«

»Japaner auf Deutschlandrundreise, vorgestern München, Hofbräuhaus, gestern Rheinfahrt mit Lorelei, heute japanische Kolonie Düsseldorf, morgen Sightseeing im Ruhrgebiet, übermorgen ab nach Berlin. Die Sache ist wichtig, versteht du? Die Bosse vom Kommunalverband wollen, daß ihre Ruhrgebiets-Tour ins japanische Pauschalprogramm ›Deutschland in sieben Tagen‹ aufgenommen wird.«

Gonzo musterte die Schramme, die er ins Heck des geliehenen Wohnmobils gefahren hatte. »Doppelter Tagessatz!«

»Okay.«

»Und morgen abend um die Zeit bin ich weg, damit das klar ist.«

»Wunderbar.« Marei grinste. »Da wär noch was ...«

»Nein«, sagte Gonzo. »Du gehst ins Hotel!«

»Ooch, Gonzo ...«

»Du hast mir beim letzten Mal den ganzen Kühlschrank leergefressen.«

Marei betrachtete das Wohnmobil. »Ich könnte doch ... wenn du das Ding heute sowieso auf dem Hof stehen läßt ...«

Gonzo verdrehte die Augen. »Du bist schlimmer als die Krätze, weißt du das?«

Der Haken baumelte an der Eisenkette von der Decke der Halle herunter. Kameraverschlüsse klickten, Motorwinder surrten. Die Japaner waren in Hochform. Siebzehn Figuren, wenn Gonzo richtig gezählt hatte, mit ungefähr 50 Fotoapparaten und Camcordern knipsten und filmten drauflos, als ginge morgen die Welt unter.

»Since the mid 1960s the coal industry has been going through a critical period. More than 30 million tons of coal piled up in menacing heaps«, hallte die Stimme des rotblonden Studententyps vom Kommunalverband von den kahlen Wänden wider. »Numerous mines closed down; of the fifty-four mines existent in 1957 only ...«

Maschinenhalle Zeche Zollverein, tote Industriearchitektur. An den Wänden eine ganze Galerie von *Graffititags* und *-pieces*. Gonzo nahm seine Videokamera hoch und zog von dem baumelnden Haken zu den Japanern. Sofort richteten sich ein halbes Dutzend Kameraobjektive auf ihn. Gonzo schwenkte schnell weiter zum Fenster und drehte den Zoom auf. Marei unterhielt sich mit einem gutfrisierten grauhaarigen Japaner im dunklen Anzug. Der Japaner reichte Marei gerade bis zur Brust und erkundete interessiert das sanfte Schaukeln unter dem Stoff von *Onkel Dittmeyer*. Darüber trug Marei den schick vorgeknitterten Armani-Blazer, in dem sie heute morgen aus dem Wohnmobil geklettert war, um sich oben in Gonzos Loft über den Inhalt des Kühlschrankes herzumachen.

Gonzo lief der Schweiß in die Augen. Er setzte die Suzie ab. Das alte Nyltest-Hemd mit den kurzen Ärmeln klebte kalt an Brust und Rücken. Gonzo kramte den Plan aus der Hosentasche, den ihm der Führer vor zwei Stunden gegeben hatte, als sie den Rundfahrtbus der Japaner vorm Essener Sheraton enterten: Zeche Zollverein, Baldeneysee, Villa Hügel, Schloß Kemnade, Bochumer Bergbaumuseum, Zeche Holland und zum Schluß die Hohensyburg.

»Let's go!« Der Führer scheuchte seine Schützlinge aus der Maschinenhalle. Draußen hing die sattrote Sonne im weißen Dunst zwischen den Backsteinhallen, Stahlträgern und Fördertürmen. Sofort ging die Knipserei wieder los.

Gonzo stellte sich zu Marei in den Schatten des Waschhauses. Ihr japanischer Freund lehnte an der Wand und sprühte sich etwas unter die Zunge.

»Ishogoro-san ist beeindruckt«, sagte Marei. »Ihm gefällt die Gegend.«

Gonzo schob ein Stück Armani über den vorwitzig gewölbten *Onkel Dittmeyer*. »Dem gefällt was ganz anderes, dem Ferkel.«

Marei klopfte ihm auf die Finger. »Du bleibst weiter an dem Bus dran. Ich will Bilder von allen Stationen. Ich fahre schon mal nach Dortmund zur Hohensyburg. Da machen wir dann ein paar Statements von den Japanern. Ishogoro-san wird so freundlich sein und dolmetschen.«

Gonzo fuhr herum. Mareis Verehrer verbeugte sich lächelnd und sagte: »Das Ferkel hat nämlich in Tokio Germanistik studiert.«

Vom stillgelegten Förderturm tönte etwas herüber, was Gonzo bei genauerem Hinhören als Gesang identifizierte. Er nahm die Suzie auf die Schulter und sah nach dem Rechten. Die Japaner standen andachtsvoll im Halbkreis vor dem Stahlgerüst und gaben »Glückauf, der Steiger kommt« zum Besten. Der rotblonde Führer dirigierte.

»Sie singen gerne«, erklärte er. »Wir üben im Bus. Bis Dortmund haben sie noch das ›Wachsame Hähnchen‹ und ›Eisgekühlter Bommerlunder‹ drauf, wetten?«

Gonzo verkniff sich einen Kommentar und schwenkte mit der Suzie die Sänger ab.

Nach einer halben Stunde ging es zurück zum Bus. Mareis SEAT war schon vom Parkplatz bei der Pforte verschwunden. Gonzo packte die Suzie in seinen Kombi, zog das Nyltest-Hemd aus und zerrte das Krupp-T-Shirt mit den drei Rädern aus der Verpackung, das er vorhin an der Hotelrezeption mit einem Stapel Info-Material über die Villa Hügel eingesackt hatte. Die Japaner bauten sich vorm Bus für ein Gruppenbild auf, aber irgendetwas brachte sie durcheinander. Sie liefen auseinander, lugten unter den Bus, kontrollierten die Gepäckräume und das Bordklo. Ein jüngerer Mann redete aufgeregt auf den Führer ein. Gonzo schob sich näher. »Probleme?«

»Ein Japaner ist weg!« erklärte der Führer. »Ishogoro-san. So ein alter, grauhaariger.«

Gonzo zuckte mit den Schultern. »Der wird sich schon wieder einfinden.«

Der Führer sah sich hektisch um. »Takarata-san hier verlangt, daß die Polizei eingeschaltet wird, wenn ich ihn richtig verstanden habe. Ishogoro ist der einzige, der Deutsch spricht, und er ist Takaratas *sempai*, sein Ausbilder in der Firma …«

Gonzo sah über die Schulter des Rotblonden, wie Takarata mit dem Opa in der Pförtnerloge der Zechenanlage verhandelte. Der Rentner sah sich den gestikulierenden Japaner eine Weile an und reichte ihm schließlich einen Telefonapparat durchs Fenster. Takarata konsultierte kurz seinen CD-ROM-Reiseführer auf dem Discman, den er an einem Band um den Hals trug, und wählte.

»Sehn Sie mal da«, meinte Gonzo.

Der Rotblonde drehte sich herum. »Oh Scheiße …«

»Police?« fragte Takarata mit Nachdruck in den Hörer. »You must come immedeately … someone has been kidnapped.«

Nach zehn Minuten kam ein Streifenwagen mit zwei Uniformierten und einem dunkelhaarigen Yuppietypen in Zivil, der leidlich Englisch sprach. Eine Weile palaverten am Bus alle durcheinander, dann hielten die Streifenbullen eine Besprechung mit dem Yuppie ab. Der Führer trieb die Japaner in den Bus, und ein Uniformierter kam zu Gonzo herüber, der in seinem Kombi vor sich hinschwitzte.

»Sie können abhauen, die Tour ist zu Ende«, sagte er.

»Einfach so?« erkundigte sich Gonzo und ließ den Motor an. »Keine GSG 9 oder so was?«

Gonzo stellte den Kombi vorm Haus ab und schleppte die Suzie über den Hof an dem Wohnmobil vorbei in die erste Etage des Hinterhauses. Halb zwei. Nur schnell einen Happen essen und duschen und dann nach Dortmund fahren, um Marei zu sagen, daß die Reportage geplatzt war.

Vor der Tür zu seinem Loft lungerten zwei Männer herum. »Gonschorek?« fragte der eine, ein feister Mittvierziger mit pomadigen Haaren. Sein Kollege war halb so alt und trug ein Al-Bundy-T-Shirt zu seinen verwaschenen Jeans. Er nahm Gonzo die Kamera aus der Hand und ließ den Kassettenschacht aufschnappen.

»Finger weg!« brüllte Gonzo.

»Schnauze!« Der Feiste fuchtelte mit einem Ausweis vor Gonzos Gesicht herum. »Pless und Lenartowicz, Verfassungsschutz. Gehen wir rein!«

Widerstrebend schloß Gonzo auf. Im Vorübergehen musterten die beiden das bizarre Graffito auf der Stahltür. Pless hob die Polaroid-Kamera, die an einer Schlaufe an seiner rechten Hand baumelte, und machte eine Aufnahme davon.

Im Loft war es nicht ganz so heiß wie draußen. Rund um den Kühlschrank und dem durchgelegenen Feldbett war Gonzos chaotischer Privatbereich. Gegenüber hatte er seinen Arbeitsplatz aufgebaut, die Schnitteinheit, die Recorder und Monitore, alles, was man als freier Kameramann so brauchte.

Pless schloß hinter Gonzo die Tür und dokumentierte den Raum rasch mit ein paar Polaroids. »Reine Routine!«

Unterdessen machte sich Lenartowicz an Gonzos Schnittplatz zu schaffen. Ein Monitor flackerte auf, ein Recorder bekam die Kassette aus Gonzos Kamera zu schlucken.

»Wo ist der Japaner?« fragte Pless und wedelte mit den sich entwickelnden Polaroids. »Die Kripo hat uns informiert. Sie waren doch dabei.«

»Keine Ahnung, wovon Sie reden.« Gonzo sackte auf sein Feldbett. »Ich will duschen.«

»Inoshiro Ishogoro, 67 Jahre, Teilnehmer an der ›Germany in 7 Days Tour‹«, erklärte Pless nachsichtig. »Ein bißchen mehr Kooperation, wenn ich bitten darf. Wir können auch anders.«

Lenartowicz spulte Gonzos Band im Schnellgang durch.

»Er soll die Finger von meinen Sachen lassen!«

»Er tut nur seine Pflicht.«

Auf dem Monitor erschienen die Bilder aus dem Maschinenhaus. Marei im Gespräch mit dem Grauhaarigen. Ishogoro. Lenartowicz drückte die Stoptaste. »Keine Ahnung, ja?« Er musterte Gonzos Videoausstattung. »Alles japanische Geräte. Zufall?«

»Und dann noch das hier!« Pless hielt ihm anklagend das Polaroid von dem Graffito an der Tür vor. Und dazu eins von den Edding-Verzierungen auf Gonzos Firmenschild in der Einfahrt. »Sind das Schriftzeichen? Botschaften?«

»Wo habt ihr früher gearbeitet?« knurrte Gonzo. »Bei den Keystone-Cops?«

Pless wiegte traurig den Kopf. »Wir sind im Krieg«, sagte er. »Eine japanische Invasion. Heimlich, mit Yen, mit Dollar, mit Mark. Geschäftsbeteiligungen, Importe. Firmenübernahmen.« Pless fuhr sich über die Augen. »Verstehen Sie?«

»Amerika gehört ihnen schon fast.« Lenartowicz kam herüber. »Jetzt ist Europa dran. Wir haben alles gecheckt.« Er zeigte auf den Monitor. »Inoshiro Ishogoro, Member of the Management Board und Marketing Executing Officer der Hamamata-Group, drittgrößter japanischer Unterhaltungskonzern, seit vier Jahren auf Expansionskurs. Hollywoodstudios, Videogames, Plattenfirmen, Vergnügungsparks in den USA, Frankreich, Holland.«

Pless lächelte sanft. »Meinen Sie wirklich, so ein Mann verreist als normaler Tourist? Die Kollegen in Bayern haben es gleich gemeldet, als er und sein *kempai*, sein Assistent ... wie heißt er gleich ...«

»Mishio Takarata, Assistent Junior Manager«, soufflierte Lenartowicz.

»Genau der«, nickte Pless. »Als die beiden mit dieser Touristengruppe eingereist sind. Da sind wir wachgeworden.«

»Hellwach«, sagte Lenartowicz. »Vorausbuchung. Touristikprogramm des Kommunalverbandes. Absolut unüblich. Also Frage: warum?«

»Sie werden's mir gleich sagen«, seufzte Gonzo.

Pless ließ seinen Zeigefinger hochschnellen. »Erstens: letztes Jahr besuchte die Essener Oberbürgermeisterin Japan.« Der Mittelfinger. »Zweitens: zur Wirtschaftsdelegation, mit der sie über Investitionen verhandelte, gehören Ishogoro und Takarata.« Der Ringfinger. »Drittens: Ishogoros Neffe macht in Essen eine Sushi-Bar auf. Der persönliche Referent der Oberbürgermeisterin geht einmal im Monat dort essen. Die Tochter der Oberbürgermeisterin kauft sich privat einen japanischen Kleinwagen. Die Oberbürgermeisterin hält sich bei ihrem Rundgang über die Spiele-Messe in den Gruga-Hallen über 15 Minuten am Stand der Hamamata-Group auf, um sich erklären zu lassen, wie man bei dem Video-Game ›Killer Kommando‹ auf das siebte Level kommt ...« Der kleine Finger. »Viertens: Die Oberbürgermeisterin leitet im Kommunalverband den Arbeitskreis *Immobilien*, wo man sich mit der Vermarktung von kommunalen Liegenschaften befaßt.« Und zuletzt der Daumen. »Fünftens: Ishogoro hat Germanistik studiert.«

»Weiß ich«, sagte Gonzo.

Pless und Lenartowicz wechselten einen schnellen Blick. Lenartowicz nickte zögernd.

»Okay«, sagte Pless. »Dann reden wir offen. Der Kommunalverband will alles verkaufen, nicht wahr? Wegen der Finanzkrise, leere Kassen, keine Bundeszuschüsse. Die Oberbürgermeisterin hat ganz klar den Kontakt aufgenommen. Wieweit sind die Verhandlungen jetzt? Sie wissen, daß das Landesverrat ist, was diese Bürgermeisterclique da betreibt? Sie wollen die Filetstücke der Ruhrgebietsstädte an Ishogoro und die Hamamata-Group verkaufen, damit die Japaner hier einen Freizeitpark aufbauen können!«

Ein Schweißtropfen lief Gonzo ins Auge. Er kramte in der Hosentasche nach einem Taschentuch. Der Plan der

Bustour rutschte heraus. Pless griff sofort zu und studierte das Papier. »Da haben wir ja die Einkaufsliste!« Er machte ein Polaroid von der Liste und gab sie Lenartowicz.

»Baldeneysee?« fragte der.

Gonzo nickte vorsichtig.

»Villa Hügel?« hakte Pless nach.

Gonzo nickte heftiger.

»Bergbaumuseum, Schloß Kemnade?«

»Und die Hohensyburg!« schloß Gonzo.

Pless und Lenartowicz verfielen in dumpfes Schweigen.

»Verdammte Personalknappheit«, knurrte Pless schließlich. »Zuwenig Leute, um alle zu beschatten. Wären wir bloß an den Japanern drangeblieben. Stattdessen haben wir uns an die Oberbürgemeisterin gehängt.« Pless senkte die Augenlider. Dann hob er den Blick wieder und sah Gonzo an. »Die Japaner sagen: Geschäft ist Krieg.« Er zog zwei zerknitterte Polaroids aus der Hosentasche. »Ishogoros Firma steht in harter Konkurrenz zur Toho-Corporation.«

Gonzo betrachtete die Bilder. Sie zeigten einen unscheinbaren Japaner.

»Der Koch aus der Sushi-Bar von Ishogoros Neffen«, erklärte Pless. »Starb im Januar an Fleischvergiftung. Sehr mysteriös.«

»Konzernkrieg«, erklärte Lenartowicz. »Scheint so, als hätten die Toho-Leute jetzt Ishogoro hier auf die Schnelle aus dem Verkehr gezogen, um das Geschäft mit dem Kommunalverband selbst zu machen.«

Pless nahm Gonzo die Fotos aus der Hand und gab ihm eine Visitenkarte. »Rufen Sie uns an, wenn Sie etwas erfahren! Es geht um unsere Heimat!«

Gonzo hörte die Tür ins Schloß fallen. Dann lief er zum Fenster. Als er die beiden unten über den Hof am Wohnmobil vorbeigehen sah, begriff er, daß er nicht geträumt hatte.

Das Wohnmobil schaukelte in der Federung. Gonzo raste hinunter in den Hof und riß die Tür des Wagens auf. Marei stürzte ihm fast entgegen. Ihr Gesicht war bleich, das Haar hing ihr schweißnass in die Stirn. Außer dem zerknautschten *Onkel Dittmeyer* trug sie nur einen Slip.

Sie klammerte sich an ihn. »Gonzo, ich ...« Im Wohnmobil sah Gonzo einen dezenten dunklen Anzug, ein weißes Hemd und Mareis Armani-Blazer liegen. Dazu seidene Boxershorts.

»Er ... hat auf einmal gezuckt ...« stammelte Marei. Auf der aufgeklappten Liege lag der nackte Körper von Ishoguro-san, mit einem sanften Lächeln auf dem Gesicht und einem prallgefüllten Kondom über dem schlaffen Glied.

»Er ist tot, ich hab seinen Puls gefühlt«, murmelte Marei. »Tut mir leid ... Wir wollten nicht ins Hotel ... er war so nett, so charmant ... Ich wollte rauf zu dir, aber da hab ich die beiden Kerle gesehen, die zum Loft raufgeschlichen sind ...«

Marei brauchte eine halbe Stunde unter der Dusche. Als sie aus dem Bad kam, trug sie eins von Gonzos Hemden. Gonzo saß am Fenster und starrte auf das Wohnmobil. Marei angelte sich Gonzos Telefon und rief die Redaktion in Dortmund an, um zu sagen, daß die Reportage geplatzt war.

Gonzo rieb sich die Nase. »Wenn wir die Bullen holen, weiß es morgen die ganze Welt. Die Kollegen von der Schmuddelpressse küssen dir die Füße für so einen Reißer im Sommerloch. ›Sex-Tod im Wohnmobil‹, wie gefällt dir das?«

Marei trat neben ihn ans Fenster. »Was ist mit den beiden Schlapphüten vom Verfassungsschutz, von denen du erzählt hast?«

Gonzo kramte die Visitenkarte von Pless aus der Hosentasche. Eine Durchwahl in Düsseldorf. »Geschäft ist Krieg«, murmelte er.

Ishogoro war schwerer, als Gonzo gedacht hatte. Er hatte dem Japaner den Eisenhaken durch den Jackettkragen gezogen, und als Ishogoro endlich oben an der Laufkatze in der Maschinenhalle der Zeche baumelte, war Gonzo komplett durchgeschwitzt. Gonzo kniete sich hin, schüttelte die Dose Autolack, die er mitgenommen hatte und sprühte ein

Gebilde auf den Boden, das in etwa so aussah wie das Graffito an der Tür seines Lofts.

Marei sah betrübt zu dem toten Japaner hoch. Draußen leuchtete der Mond, und die Luft war wie ein feuchter Mantel. Das Wohnmobil stand außer Sichtweite hinter der alten Lohnhalle.

Kies knirschte, der Lichtkegel einer Taschenlampe tanzte über die Graffiti an den Wänden und dann blitzte eine Polaroidkamera. Pless kam vorsichtig näher.

»Ohne Kettenhund?« fragte Gonzo.

»Wartet draußen.« Pless machte ein Polaroid von dem Toten. »Ein anonymer Anruf, sagen Sie?« fragte er Gonzo.

Gonzo nickte. »Ein Mann, starker Akzent. Rief vor einer Stunde bei mir an. Sagte, wir können Ishogoro hier finden.«

Marei deutete auf Gonzos Graffito. »Ein japanisches Todeszeichen!«

»Sie ist Expertin für Fernost«, erklärte Gonzo.

Pless zog sein Polaroid von Gonzos Tür heraus und verglich die Graffiti. »Erinnert ein bißchen an das Firmenzeichen der Toho-Corporation«, sagte er.

»Wirtschaftskrieg«, bestätigte Gonzo. »Als nächstes werden sie mich kaltmachen!« Er deutete auf das Polaroid von dem Graffito an seiner Tür. »Weil ich Ishogoro gefilmt habe, werden sie denken, daß ich mit ihm zusammenarbeite.«

Pless legte die Stirn in Falten.

»Er muß untertauchen!« schaltete sich Marei ein. »Wenigstens, bis Sie vom Amt die Sache im Griff haben.«

»Genau«, sagte Pless und machte vorsichtshalber ein Polaroid von Gonzo. »Sie müssen untertauchen.«

»Ich hab dabei natürlich Verdienstausfall«, meinte Gonzo. »Und Kosten. Am besten, ich miete mir ein Wohnmobil. Keine Hotelmeldezettel und so weiter, nicht wahr?«

»Gute Idee.« Pless kratzte sich am Kopf und betrachtete traurig den toten Ishogoro-san oben am Haken. »Für den müssen wir uns auch noch was einfallen lassen. Sie haben das hier nie gesehen und verschwinden erstmal von der Bildfläche, Gonschorek.«

»Wegen der Kosten ...« sagte Gonzo sanft.

»Die würden wir übernehmen«, versprach Pless. »Im angemessenen Rahmen natürlich.«

»Natürlich«, nickte Gonzo. »Haben Sie Bargeld dabei, oder rechnen wir hinterher ab?«

Gonzo nahm die E 3 Richtung Norden. Das Wohnmobil rollte in die Morgensonne. Auf dem Beifahrersitz studierte Marei das Formular, das Pless ihnen gegeben hatte.

»Abrechnung für Verdienstausfall und Reisespesen im besonderen Einsatz. Punkt Eins: Grund des besonderen Einsatzes.« Sie knabberte an ihrem Kugelschreiber.

»Für Volk und Vaterland«, schlug Gonzo vor.

»Punkt zwei: Deckname der Operation, die den Einsatz erforderlich machte.«

»Ruhr-Connection.«

Marei kicherte. Auf ihrem T-Shirt zeichneten sich die ersten Schweißflecken ab. »Zwei Wochen auf Steuerzahlerkosten. Nicht schlecht, mein Lieber.«

Hinter Osnabrück tankte Gonzo und kaufte beim Bezahlen ein paar Zeitungen. Während er weiterfuhr, überflog Marei die Meldungen.

»Hier ist es«, sagte sie und las vor: »Japanischer Tourist bei Unfall getötet. Auf einem Zechengelände wurde gestern die Leiche eines japanischen Touristen entdeckt, der während eines Rundganges seiner Gruppe am Morgen verschwunden war. Der 67jährige Mann lag tot unter dem Förderturm, den er offensichtlich erklettert hatte, um ein Foto vom Zechengelände zu machen. Dabei, so sie Polizei, muß er den Halt verloren haben und in die Tiefe gestürzt sein.«

»Wenigstens das haben Pless und sein Kettenhund hingekriegt!« sagte Gonzo und setzte sich seine Sonnenbrille auf.

Marei lehnte sich an ihn. »Das wird bestimmt nett mit uns beiden, da hinten im Wagen.« Sie knabberte an Gonzos Ohrläppchen. »Du hast doch hoffentlich nichts mit dem Herzen, Gonzo-san?«

Claudia Koch

Urlaub mit Tante Brigitte

Brigitte sah aus dem Fenster des Flugzeuges. Durch die mit Regentropfen überzogenen Fenster ließ sich die graue Landschaft nur erahnen. Der Regen erinnerte sie an Tränen. Auf der Beerdigung ihrer Schwester hatten alle geweint. Nur ihr wollten keine Tränen kommen. Wie erstarrt hatte sie dagestanden. Nicole, ihre Nichte, hatte wie ein Häufchen Elend ausgesehen.

Nicole war sonst sehr hübsch und zog mit ihren langen Beinen die Männerblicke auf sich. Sie besaß die ebenmäßigen Gesichtszüge ihrer Mutter. Die Farbe von Cordulas Haaren war allerdings dunkler und ihre Gestalt kleiner und zierlicher gewesen.

Schon als Kind hatte sich Brigitte unscheinbar neben der grazilen Schönheit Cordulas gefühlt. Ihrer Schwester war alles zugeflogen. Sie spielte Klavier und malte gefühlvolle Aquarelle.

Brigitte dagegen, ohne Busen und andere »Kurven« von der Natur bedacht, eher schüchtern und praktisch veranlagt, hatte nur den Kummerkasten ihrer Schwester und ihrer Freundinnen spielen dürfen.

Jetzt war sie tot – die schöne Cordula. Vor zwei Wochen hatte ihr ein betrunkener Autofahrer mit seinem Mercedes die Vorfahrt genommen und ihr rotes Cabriolet zu Schrott gefahren.

Cordula hatte einige Jahre als Angestellte in einem Reisebüro gearbeitet, bevor sie sich selbständig machte. Mit Charme und Fortune hatte sie sich innerhalb von 15 Jahren drei gutgehende Reisebüros erarbeitet.

Nicole konnte sich nicht an ihren Vater erinnern, da sie erst zwei Jahre alt gewesen war, als er sie und ihre Mutter verließ. Cordulas und Brigittes Mutter hatte sich um Nicole gekümmert, damit Cordula genügend Zeit für ihren Beruf blieb.

Brigitte lehnte sich in ihren Sitz zurück und sah ihre Nichte von der Seite an. Der dunkle Hosenanzug Nicoles bildete einen reizvollen Kontrast zu ihren blonden Haaren. Er ließ sie reifer und geheimnisvoller erscheinen als in ihren ewigen Jeans, wie Brigitte, nicht ohne Neid, feststellte.

Nachdem Nicole unkonzentriert in einem Buch geblättert hatte, war sie eingeschlafen. Ihre langen dunklen Wimpern schimmerten seidig auf ihren Wangen.

Eineinhalb Stunden noch, und sie würden Antalya erreichen.

Als schließlich alle Formalitäten, die mit der Beerdigung ihrer Schwester zusammenhingen, erledigt gewesen waren, hatte Brigitte ihre Nichte kurzentschlossen überredet, mit ihr zwei Wochen Urlaub in der Türkei zu verbringen.

Brigitte nahm einen Spiegel aus ihrer Handtasche und überprüfte ihre Frisur. Der sportliche Kurzhaarschnitt stand ihr gut. Ihre dunklen Augen waren von vielen kleinen Falten umgeben, die das Gesicht nicht nur älter, sondern auch zerbrechlicher erscheinen ließen. Den verbitterten Zug um ihre Mundwinkel herum versuchte sie mit der modisch bunten Brille zu überspielen. Ihre Figur wirkte in der schwarzen Kleidung fast hager.

Nachdem ihr Verlobter damals mit dem Motorrad verunglückt war, hatte sich Brigitte sehr schwer getan, einen anderen Mann kennenzulernen. Später war sie eine Zeitlang die Geliebte ihres Abteilungsleiters gewesen. Sie war Buchhalterin in einem mittelständischen Unternehmen der Autozulieferindustrie. Doch obwohl ihr Vorgesetzter und seine Frau sich angeblich nichts mehr bedeuteten, hatte er sich auch nach zwei Jahren nicht scheiden lassen.

Schließlich hatte ihm Brigitte den Laufpaß gegeben und sich in eine andere Abteilung versetzen lassen. Um ihren Kummer zu vergessen, hatte sie sich um so mehr in die Arbeit gestürzt und war nach einiger Zeit selbst Abteilungsleiterin geworden.

Brigitte steckte ihre gesamten Ersparnisse in Reisen. Ihre Trips hatten sie sogar schon bis nach China und Australien geführt.

Aber das war jetzt wohl vorbei ...

Die schlechte Auftragslage zwang auch ihre Firma zum Arbeitsplatzabbau. Vor drei Wochen war die gesamte Abteilung, der Brigitte vorgestanden hatte, aufgelöst worden. »In Ihrem Alter einen neuen Arbeitsplatz zu finden, ist praktisch genauso unmöglich wie ein Kind zu bekommen«, hatte der Arbeitsamtberater ›taktvoll‹ bemerkt.

Neidisch sah Brigitte Nicole an. Was wußte ihre Nichte denn schon vom Leben? – Sicher, der Tod ihrer Mutter bedeutete einen großen Verlust für sie. Doch in ihrem Alter heilten Wunden schnell. Das Erbe ihrer Mutter machte sie finanziell unabhängig. Brigitte beneidete sie darum. Es schien ihr ungerecht. Sie fand, daß es Nicole nicht zustand. Sie selbst hatte ihr ganzes Leben gearbeitet – und jetzt – alles umsonst ... Die Firma zahlte ihr zwar eine Abfindung, aber die würde nicht lange reichen. Noch dazu brauchte Nicole doch nur mit dem Finger zu schnippen, und schon lagen ihr, bei ihrer Jugend und ihrem Aussehen, die Männer zu Füßen.

Nachdenklich nippte Brigitte an ihrem schwachen Kaffee, als die Durchsage der Stewardess kam: »Bitte anschnallen. Das Rauchen einstellen. Wir landen in zehn Minuten.«

Als Brigitte und die verschlafene Nicole langsam die sonnenüberflutete Gangway hinunterschritten, seufzte Brigitte leise und dachte: Vielleicht ist das mein letzter Urlaub ...

Das Hotel, mit freundlichen hellen Zimmern, lag inmitten einer gepflegten Blumenpracht direkt am Meer. Brigitte und Nicole nahmen auf einer überdachten Terrasse ihr Abendessen ein. Es gab Hühnchen mit Kartoffeln und Salat vom Buffet.

Nach dem Abendessen, in dem Brigitte und Nicole nur lustlos herumgestochert hatten, schlenderten sie am Strand entlang. Die glitzernden Reflexe auf den Wellen munterten Nicole auf. Sie wirkte etwas fröhlicher.

Nicole verbrachte ihren Urlaub fast nur am Swimmingpool des Hotels im Liegestuhl. Mit einem knappen türkisfarbenen Bikini bekleidet, in irgendwelche Bücher vertieft, schien sie weder die gleißende Sonne noch die bewundernden Blicke der männlichen Hotelgäste wahrzunehmen, wie Brigitte bemerkte.

Brigitte dagegen tauschte die dunkle Trauerkleidung gegen praktische helle Blusen und Shorts und unternahm viele Ausflüge in die nähere Umgebung. Sie fuhr zum Markt, in eine Teppichknüpferei und mit einem der Holzmotorboote über den Fluß bei Manafgat.

Ein paarmal forderte sie ihre Nichte auf, sie zu begleiten – erfolglos. Dann entschloß sich Nicole doch eines Tages plötzlich, mit ihrer Tante *Pamukkale*, die Kalksteinfelsen, zu besichtigen. In einem ihrer Bücher hatte etwas über dieses Naturphänomen gestanden, und sie wollte es sich gern aus der Nähe anschauen.

Die beiden Frauen fuhren zusammen mit einer Reisegesellschaft im Bus durch eine menschenleere, von einer herben Schönheit geprägten Landschaft. Vorbei an ausgetrockneten Salzseen, krüppeligen einsamen Bäumen und Ziegen auf Hochebenen.

Während Brigitte aufmerksam die Gegend betrachtete und mit ihrem Fotoapparat einige Bilder schoß, hatte sich Nicole auf den Sitz, der am Mittelgang lag, gesetzt. Sie interessierte sich nicht für die vorüberziehende Landschaft. Der gleichmäßige Rhythmus des fahrenden Busses lullte sie bald ein und ließ sie in einen leichten Dämmerschlaf fallen.

Hin und wieder wurde Nicole unsanft aus ihrem Schlaf gerissen, da die Busgesellschaft eine ›echte‹ Nomadenfamilie und einen verwunschenen grünblauen Bergsee besuchte. Zum Mittagessen kehrten sie in einer gemütlichen Raststätte ein.

Gegen Abend erreichte der Bus *Pamukkale*, das ›Baumwollschlößchen‹. Von weitem sah es wie eine Schneelandschaft aus. Das Kalkwasser schuf eine weiße Fläche mit runden weichen Felsen. Brigitte holte wieder ihren Fotoapparat hervor und fotografierte eifrig.

Inzwischen hatte sich die Sonne in einen gelborangenen Feuerball verwandelt, an dessen Rändern der Himmel in ein kräftiges Purpur überging.

Nicole zog ihre Sandaletten aus und stapfte gedankenverloren auf den glitschigen Kalksteinfelsen herum, die durch einen Abgrund begrenzt wurden. Sie schien völlig fern von dieser Welt und unberührt von dem Treiben der anderen.

Nach einer Weile machte sich die Gruppe wieder auf den Weg zum Bus. Da fiel Brigitte auf, daß ihre Nichte fehlte. Sie entdeckte sie, immer noch auf den Felsen herumspazierend. Als sie Nicole fast erreicht hatte, sah Brigitte, wie sie ins Leere trat. Entsetzt schrie Nicole auf.

Einen Moment zögerte Brigitte. – Dann kehrte sie um …

Thomas Kley

Das Lächeln an der Tür

Als einzige liegt Bridget Sugrue, gestorben am 12. Mai 1987, allein. Zwei andere Bridgets mit dem Namen Sugrue ruhen zusammen mit ihren Männern auf dem Graveyard in Ballinskelligs. Die eine, gestorben 1971, mit Denis, die andere, gestorben 1958, mit Patrick. Ein weiterer Patrick Sugrue, gestorben 1959, wurde mit seiner Frau Nora einige Schritte entfernt vergraben, nahe einer Ruine, die eine Kapelle gewesen sein könnte. Im Windschatten der Mauern, nun ohne Dach und Fenster, befinden sich weitere Gräber.

Die früheste Bridget Sugrue liegt etwas weiter zum Tor des Friedhofes hin. Julia Sugrues Grab, die 1922 starb, ziert ein Stein, der ein Marienrelief aus Porzellan trägt. Maria schaut tränenerfüllt rechts am Betrachter vorbei auf den Boden. Die linke Schädeldecke ist abgeplatzt und bietet dem Blick etwas blutleeres graubeiges Schwammiges.

Er hieß Connor, und ich hätte ihn gern Sugrue genannt und eine einsame Bridget für ihn gefunden. Unter eine Decke aus weißem Kies und grünen Scherben, eingerahmt durch ein Betonmäuerchen, hätte er gut gepaßt. Aber dort liegt Bridget, die 1958 starb.

Zu alt.

Er hieß Connor und klopfte an mein Autofenster, als ich die Karte mit meinen Augen durchmaß. Fortan las er die Karte, und ich fuhr wie der Teufel, müde und aufgeregt, denn dieser süßliche Geruch des freundlichen Connor ging mir auf die Nerven. Ich war noch nicht entspannt genug, sonst hätte ich ihn auch mal ans Steuer gelassen. Ich riß lieber die Augen auf.

Es war schwierig, während der Fahrt durch enge Straßen mit von Fuchsienhecken und Palmen bewachsenen Böschungen, die vielleicht alle einen Kern aus Natursteinmauern besaßen, einige Seitenblicke auf meinen Fahrgast zu werfen. Er war stoppelig und gut gebräunt im Gesicht, nicht betont irisch also, mit lockigem Braunhaar, das in seinem Kragen spielte, wenn er den Kopf bewegte; ein schöner Kerl. Die Mädchen hatten wohl ihren Spaß mit ihm.

Die Dämmerung warf sich über uns, die meisten Autos kamen uns mit Fernlicht entgegen. Wir erreichten Ballinskelligs von Waterville aus, als es 22.00 Uhr war. Ich hatte ein Ferienhaus gemietet, und wir fragten einen Alten, der seinen Hund ausführte, nach dem Weg, und Connor war mir ein willkommener Dolmetscher.

Klar, daß ich ihn über Nacht einlud, aber er wäre wohl auch so geblieben.

Der jüngste namentlich genannte Mensch ist wohl *Baby Mary Rosalee O'Connell*, 1963 gestorben, aber Denis O'Brien, der 1975 starb, war auch erst vierzehn Jahre alt gewesen.

Der Friedhof von Ballinskelligs hat keine festen Wege, man stolpert auf kleinen Trampelpfaden durch das grasüberwucherte Feld, auf dem ab und zu Schafkot liegt. Einige Male führt so ein Pfad quer über ein Grab hinweg. Die verwitterten Steine dort geben ihre Besitzer schon nicht mehr preis.

Mag sein, daß hier – unter einem namenlosen oder auch gemeißelten Stein – der gleiche liegt, der heute in der Mainsbar von einem riesigen Foto aus auf den Billardtisch schauen muß: *People of Ballinskelligs, 1923*.

Sieht die Music-Box rechts und die Fensterfront zum Strand links, und geradeaus, vor dem Riesenbildschirm mit M-TV: People of Ballinskelligs, 1993.

Connor war stets freundlich, doch er sprach im Schlaf. Ich wurde davon wach, tastete mich durchs hellhörige Haus und betrachtete ihn lange Zeit. Ein Lichtstreifen lief quer über seinen Körper, der Rest lag halbschattig, leicht verdreht in der Hüfte und mit einem angewinkelten Bein. Auch hier erschien er mir schön, er war schlank und geschmeidig, und – er störte mich.

Ich kann dich nicht gebrauchen, ich brauche Ruhe, sagte ich mehr zu mir als zu ihm.

Plötzlich saß er aufrecht und lächelte.

Was ist hinter einem Gesicht, das nachts aufgeschreckt sofort zu lächeln beginnt?

Erected by Michael O'Leary
in loving Memory of
His father Humphry
who died Dec 11th 1909
Also his son Denis

Ich habe mich minutenlang gefragt: Hat Sohn Denis zusammen mit Bruder Michael den Stein aufgestellt oder auch am 11. Dezember 1909 sterben müssen?

Wir hatten am Abend in der Mainsbar – es war schon der zweite Abend seit unserer Ankunft – wenig gesprochen und viel getrunken. Ein Mann war hereingekommen und hatte meine Aufmerksamkeit auf sich gezogen. An Connors linker Schläfe vorbei fixierte ich die Gestalt. Der Alte war sicher siebzig, hatte einen schmutzigen hellen Trenchcoat eng um den Bauch geschnürt und eine Art Cowboyhut mit seitlich hochstehender Krempe auf dem Kopf. Zwischen den Lippen stak eine erloschene Selbstgedrehte, die sich nicht bewegte, als er mit dem Wirt sprach. Ich schlürfte mein drittes Guinness durch den sahnigen Schaum. Connor öffnete den Mund zum Sprechen, und ich sah schnell an ihm vorbei auf den Alten. Mit seinem mexikanisch anmutenden Gesicht und Altherrenschnauzbart hätte er auch einer Hazienda entsprungen sein können. Er wunderte sich über seine fünf Pence Wechselgeld – jeder mußte sein Getränk sofort bezahlen – und hockte sich mit seinem Guinness stocksteif aufrecht auf einen der niedrigen Korbschemel.

Connor hatte etwas zu mir gesagt, ich sah ihn lächeln und blickte ernst zum Großbildschirm. Feldhockey, brutal wie ich es noch nicht gekannt hatte, flimmerte über den Bildschirm. Connor nahm lächelnd ein weiteres Smithwick entgegen. Unter den Blicken der *People of Ballinskelligs, 1923*, spielten trainingsverschwitzte Jugendliche Billard; die Waterboys grölten aus der Music-Box, als die weiße Elfenbeinkugel über die Bande hüpfte und Connors Fuß traf. Als er mit dem Schützen scherzte, stand ich auf und ging.

Bone Relic
from
Rome Catacombs
Buried here
5th Aug. 1993

Wessen Knochenreste da wohl liegen, die man quer durch Europa nach Irland geschafft hat, um sie im Boden einer Ruine, von der Neugier durch ein Türgitter getrennt, zu vergraben, dann ein Schild aufzustellen, hier: Knochen aus Rom?

Zwanzig Schritt entfernt liegt Julia Sugrue, deren beschädigte Maria traurig rechts an mir vorbei auf den Boden schaut.

Geh endlich! flehten meine Blicke beim Frühstück, es ist nicht persönlich gemeint.

Als ich vom Klo wiederkam, war er weg. Unter seinem Stuhl lag seine Brieftasche. Ich lief in das Zimmer, in dem er geschlafen hatte, es war geräumt. Ich legte die Brieftasche vor die Haustür, schloß den Riegel und begann, den Tag und das Haus für mich urbar zu machen. Schon nach kurzer Zeit erfüllte meine Lieblingsmusik das Haus, und ich sang lauthals und befreit und öffnete in alle Richtungen die Fenster. Die Sonne ließ ihr Licht freundlich hereinschwappen, und es war bald kein Staub mehr in den kargen Räumen, der nicht nach Sommer duftete. Das Haus wurde mein Haus mit meiner Zahnbürste, meinem Kaffee, meiner Zigarette und meinem dicken Buch. Und auch mein Hunger erhob sich wie ein müder Hund aus der Ecke und trottete auf mich zu. Ein großes Stück Fisch, murmelte er.

Ist gut, mein Alter, Jacke an, Tür auf und – ich warf sie

mit der Kraft meines Erschreckens wieder zu, lag bleilahm im Flur.

Erst Sekunden später konnte ich aus dem Erinnerungsblitz ein Bild formen: ein Mensch, gebückt, eine Hand an der Brieftasche, schaut überrascht. Lächelt. Sein Gesicht kommt. Die Tür schlägt zu.

Als ich sie nach Minuten öffnete, lag er auf dem Gesicht und aus seinen Ohren drang Blut.

Patrick und Annie Sugrue, 63 und 76 Jahre alt, liegen in der linken Ecke zum Meer hin, abseits aller Sugrues. Dort muß ich über die Mauer. Zwanzig Schritt durch den Nieselregen an der Seemauer entlang, vorbei am Baby Mary O'Connell und vor der allein liegenden Bridget Sugrue, gestorben 1987, links. Ich gelange in eine Ruine aus drei Mauern, in der auch die älteren Steine noch besser erhalten sind.

Erected by
John Segerson
to the memory of his Father
who died 14/4/1869
Also
his Mother who died
15/11/1864

Da hat John also fünf Jahre auf den Tod des Vaters gewartet, um den Stein aufzustellen und die Eltern gemeinsam unter der stabilen Steinplatte ruhen zu lassen. Ich konnte das Grab des John Segerson hier nicht finden, um ihn um Erlaubnis zu bitten. Verzeihen Sie, John, aber er lächelt immer so. Ich weiß, er gehört nicht hierher. Aber waren Sie mit dem Gast aus Rom einverstanden?

Der Regen ist intensiver geworden. Ich ziehe meine Kapuze etwas enger, das Regenwasser läuft in meinen Ärmel bis zum Ellenbogen, bis ich die Hand wieder sinken lasse.

Plötzlich schnüffelt ein Hund an meinem Bein. Ich schaue mich um, ein alter Bauer lächelt mich an und sagt: »Rauher Tag heute, nicht wahr?«

Nach wenigen freundlichen Sätzen setzt er über die Mauer, an der mir Connor in seinem Plastiksack gestern beinahe aus den Händen gerutscht wäre. Ich mache mich auf den Heimweg, es dämmert. Höchste Zeit, bei einem Whiskey eine Brieftasche ins Torffeuer zu legen.

-ky

La cuenta, por favor

»Aber dir bestimmt, o Geliebter von Zeus, Menelaos,/Nicht das Schicksal den Tod in der rossenährenden Argos,/Sondern die Götter führen dich einst an die Enden der Erde,/In die elysische Flur, wo der bräunliche Held Radamanthus/ Wohnt und ruhiges Leben die Menschen immer beseligt:/ Dort ist kein Schnee, kein Winterorkan, kein gießender Regen,/Ewig wehn die Gesäusel des leiseatmenden ... Westes,/Welche der Ozean sendet, die Menschen sanft zu kühlen ...«

Prof. Tucheband schlug den Reiseführer über Lanzarote wieder zu und schüttelte ein wenig den Kopf, weil er nicht sogleich verstanden hatte, was das 'Gesäusel des leiseatmenden Westes' war. »Der Westwind wahrscheinlich ... Eine schlechte Übersetzung.« Trotz dieser Hinzufügung und obwohl er die Verse Homers nicht ohne Ironie und mit viel verstaubtem Pathos vorgetragen hatte, zeigten sich die anderen Berliner am Tisch seltsam ergriffen.

»Dieses Playa Blanca ist wirklich ein Gedicht«, sagte Bernhard Banzendorf. »Wenn ich da so an meine Straßenschlucht zu Hause denke ... Die Müllerstraße ... Ach, Britta!« Er legte seine Hände auf die kupferbraunen Unterarme seiner Frau.

»Nicht, daß Sie denken, wir wohnen da im Wedding«, sagte Britta Banzendorf mit sichtbarer Angst davor, daß die anderen das wirklich von ihr geglaubt haben könnten. »Wir haben ein Haus in Konradshöhe, direkt am Wasser unten. In der Müllerstraße, da ist nur das Geschäft.«

»'Der Nietenzähler'«, ergänzte Bernhard Banzendorf. »Modellbahnen aller Nenngrößen, also von Z bis zur LGB, zur Gartenbahn.«

»Kenn ich doch!« rief Lothar Nowitzke. »Als ich da noch

auf dem Abschnitt war. Mein Kollege im Funkwagen, der war so 'n Eisenbahnnarr, und da sind wir öfter mit Blaulicht hin zu Ihnen ... Aber, mal was anderes ...« Er sah Prof. Tucheband an. »Ist es denn erwiesen, daß Homer in seiner Odyssee mit der elysischen Flur wirklich die Kanarischen Inseln gemeint hat? Sie sind doch Psychologe und nicht Historiker ...«

Prof. Tucheband, der sich inzwischen der Speisekarte zugewandt hatte, reagierte leicht verärgert auf den jungen Polizisten, der sich da erdreiste, ihn in Frage zu stellen. »Sie sollten weniger Sachbücher lesen und mehr Phantasie entwickeln. Denken Sie an Heinrich Mann: Wer ohne Phantasie ist, bewegt sich im geistigen Unfug ...«

Der Ober, der endlich die Bestellungen aufnehmen wollte, unterbrach ihren Dialog. Prof. Tucheband orderte eine gegrillte Vieja, den typisch kanarischen Fisch. Die Banzendorfs baten um je ein Schnitzel mit Pommes frites, und Lothar Nowitzke wünschte sich für sich und seine Frau Martina eine große Paella-Pfanne.

»Ja, det Meer ...« sagte die, sagte es nur, um auch einmal etwas zu sagen, »det is wirklich kraß, allet ... Und Paella dazu ...« Wobei sie Pa-ella wie Ella aussprach. Als Kassiererin bei ALDI hatte sie immer Hemmungen, wenn klug dahergeschwätzt wurde. Die anderen kommentierten ihren Beitrag, indem sie nächstenlieb schwiegen.

Die Lichter Fuerteventuras funkelten herüber wie eine große ferne Galaxy, und der Felsrücken des kleinen Lobos schob sich von Osten wie ein Schwarzes Loch heran. Die Positionslichter der Fischerboote tanzten übers Wasser, und die 'Alisur', das Fährschiff, kam zum letzten Mal an diesem Tage von Corralejo zurück, um mit einem riskanten Manöver rückwärts in den kleinen Hafen einzulaufen. Die Brandung war sanft und ließ keinen erschaudern. Hinter den flachen weißen Würfeln der Häuser erhob sich wie ein schwarzer Scherenschnitt der bizarre Kraterring des Montaña Roja.

Dank des genialen César Manrique war Lanzarote lange nicht so zur öden Urbanisation verkommen wie Teneriffa oder Gran Canaria, und da, wo die fünf Deutschen jetzt saßen, hatte Playa Blanca noch immer den Charme des alten Fischerdorfs.

»Ja, det Meer ...« wiederholte Martina. »Echt idyllisch ...«

»Die Idylle trügt aber«, sagte ihr Mann. »Vom polizeilichen Standpunkt aus ist ein Urlaub schon ein Horrortrip. Deutsche Urlauber werden pro Jahr im Ausland um mindestens 200 Millionen Mark bestohlen.« Er verwies darauf, daß er im Augenblick an der Fachhochschule studiere, um Kommissar zu werden, also schon über zuverlässige Informationen verfüge. »Besonders schlimm ist es in Palermo und Neapel. Da schlagen Ihnen die Gangster, während Sie vor einer roten Ampel halten, vom Moped aus die Heckscheibe ein und räumen ab, was hinten auf der Ablage liegt.«

Angeregt durch dieses Bild, erzählten alle von eigenen Erlebnissen beziehungsweise von dem, was gute Freunde von ihnen in der Ferne alles durchgemacht hatten.

Bernhard Banzendorf begann mit Hotte, dem angestellten Verkäufer bei ihm im 'Nietenzähler'. »... der wird eines Morgens von der Kripo verhaftet. Warum? Weil unter seinem Wagen ein Paket mit Heroin befestigt war. Mit einem starken Magneten. Hat sich dann aber zum Glück herausgestellt, daß es andere waren. In Holland. Da ist er in einen Verkehrsunfall verwickelt worden, und die Täter haben ihn in eine kleine Werkstatt gelotst. Machen wir kostenlos wieder ganz. Naja ... Die Kripo hat dann bei mir vor dem Geschäft gewartet – und prompt ist dann auch ein Bandenmitglied gekommen, um den Stoff an sich zu bringen ...«

Britta Banzendorf wußte von einer Freundin, die an der türkischen Südküste von Einheimischen eine Schale mit Erdbeeren geschenkt bekommen hatte. »Da war aber ein Betäubungsmittel drin, und als sie wieder aufgewacht ist, war sie alle ihre Wertsachen los ...«

Nach einem Glas Vino Clarete, Rosé, traute sich auch Martina Nowitzke, etwas zur Unterhaltung beizutragen. »Als ick ma mit 'a Schule in Amsterdam war, da war 'n schwarza Schäfahund, der war dressiert und der hat die Leute die Handtaschen wegjenomm'n. Also, so im Café, wenn die da rumjesessen ham und …«

Prof. Tucheband hatte lange geschwiegen, weil er sicher war, *die* Pointe zu haben. »Aber was einem meiner Assistenten erst passiert ist, ihm und seiner Frau …! Sie fahren nach Istanbul und streifen durch den Basar. Plötzlich ist ihr Mann verschwunden. Sie sucht und sucht, aber keine Spur von ihm. Schließlich fährt sie ins Hotel zurück und wartet dort auf ihn. Es wird Abend, und er ist noch immer nicht zurück. Auch nicht gegen Mitternacht. Der Einheimische in der Rezeption telefoniert herum – nichts. Gegen Morgen bringt er die Frau zur Polizei. Die sucht nach dem vermißten Mann. Aber Dr. Patrick Krause ist und bleibt verschwunden. Seine Frau geht zur Deutschen Botschaft – wiederum Fehlanzeige. Man wolle aber alles tun … Sie kennen das … Alle Nachforschungen bleiben vergebens. Da kommt ein Anruf aus dem Krankenhaus. Ein Deutscher sei bewußtlos am Strand gefunden worden. Es ist in der Tat ihr Mann. Es geht ihm verdammt schlecht. Er ist vorher noch nie im Krankenhaus gewesen, eine Grippe war das Schlimmste, was er je hatte. Und nun das. Er wird nach Berlin ins Klinikum Steglitz geflogen. Und da stellen die Ärzte fest, daß er vor kurzem operiert worden ist. 'Man hat Ihrem Mann eine Niere entnommen … Eine unfreiwillige Organspende, wie uns scheint …' Die Frau bricht zusammen.«

Alle reagierten mit kaltem Erschaudern und wünschten sich in diesem Moment nach Hause in ihr sicheres Bett zurück. Zugleich aber genossen sie diesen Zustand auch, und sie prosteten sich grinsend und augenzwinkernd zu.

»Unsere Angstlust«, dozierte Prof. Tucheband. »Die Lust an der Angst. Wir brauchen das. Unser Alltag ist durchreglementiert und berechenbar, wir dürsten aber nach dem Unerwarteten – und haben zugleich furchtbare Angst, daß es plötzlich über uns hereinbrechen könnte. Und aus dieser Ambivalenz entsteht die Angstlust in uns allen …«

Bernhard Banzendorf bedankte sich für diese Deutung, während Nowitzke einen Augenblick nachgedacht hatte, um Prof. Tucheband dann mitzuteilen, daß er seine Nierenentnahme-Geschichte schon kennen würde. »Die steht in dieser Sammlung moderner Sagen, die Rolf Wilhelm Brednich zusammengetragen hat – 'Die Maus im Jumbo-Jet' ...«

»Ich weiß, ich weiß«, erwiderte Prof. Tucheband gelassen. »Ich erzähle sie schon seit Jahren im Hörsaal bei uns. Die Fiktion ist der Realität allemal überlegen ...«

Lothar Nowitzke ließ sich so leicht nicht besiegen. »Realität ist aber jedenfalls, daß es hier auf Lanzarote in dieser Saison auch ein Hotel geben soll, wo das passiert, was die Kripo auf Ischia und Capri schon lange kennt ...«

Britta Banzendorf lachte albern.

»Nun warten Sie doch mal ...« Nowitzke trank erst einen Schluck, um es spannender zu machen. »Es gibt hier eine organisierte Bande, die läßt für maximal eine halbe Stunde die Schlüssel von Hotelgästen verschwinden, also die Schlüssel von den Wohnungen und Häusern in Deutschland, und macht Nachschlüssel davon. Die Heimatadresse der Leute kriegen sie von Rezeption. Ein Kurier bringt die Nachschlüssel mit dem nächsten Flugzeug nach Deutschland – und ihre Komplizen können sich dann in aller Ruhe ans Werk machen. Hier auf Lanzarote soll es besonders ein Hotel sein, wo ...«

»Welches?« riefen alle in ziemlicher Erregung.

Lothar Nowitzke lächelte überlegen und nahm seine Frau in den Arm. »Da, wo wir extra nicht hin sind, Martina ...«

»Nun sagen Sie es schon!« Sogar Prof. Tucheband hatte viel von seiner sonstigen Souveränität verloren.

»Das 'Montaña Roja' ...«

»Mein Gott, da wohnen wir!« Bernhard Banzendorf sprang auf.

Seine Frau machte eine beschwichtigende Geste. »Wir haben doch unsere Tante Greta im Haus.«

»Trotzdem. Oder gerade deswegen!« Banzendorf rannte los.

Keine zehn Minuten später waren sie im 'Montaña Roja' angekommen und liefen in ihr Zimmer hinauf. Lothar Nowitzke war mitgekommen, um ihnen zu helfen, wenn die Berliner Polizei nicht spuren sollte. Er hatte da so seine Connections.

»Erst mal nach den Schlüsseln sehen, ob die noch da sind!«

Bernhard Banzendorf riß den Koffer vom Schrank und klappte ihn auf. »Gott sei Dank, die sind noch da!«

»Was ja noch nichts beweisen muß«, sagte Nowitzke. »Die kann die Bande ja längst wieder zurückgebracht haben ...«

»Achso, ja ...«

Nowitzke nahm die Schlüssel heraus und betrachtete sie. »Der mit der roten Kappe hier, das ist der Hauptschlüssel ...?«

»Der für die Eingangstür, ja ...«

»Hm ...« Nowitzke schnupperte an dem vielfach gezackten kleinen Schlüssel und kratzte mit dem Fingernagel in den Rillen herum. »Hundertprozentig ...«

»Was?« fragte Britta Banzendorf.

»Wachs. Da ist ein Wachsabdruck von gemacht worden!«

»Mein Gott!« Bernhard Banzendorf stürzte zum Telefon. »Soll ich gleich in Berlin die 110 anrufen ...? Oder erst die Auskunft und dann unsere Polizeidienststelle?«

»Erst doch mal bei Ihnen zu Hause«, sagte Nowitzke.

Britta Banzendorf war schon beim Wählen. »Null-vier-neun-drei-null ...« Sie kam sofort durch, aber niemand nahm ab.

»Vielleicht schläft Tante Greta schon«, sagte Bernhard Banzendorf.

»Doch nicht schon um neun.«

»Oder sie ist eben mal im Bad«, vermutete Nowitzke.

»Tante Greta läßt immer alles stehen und liegen, wenn das Telefon klingelt ...«

»Komisch ...«

Sie versuchten es eine halbe Stunde lang, dann meinte Nowitzke, daß es wohl doch angeraten sei, seine Kollegen einzuschalten. »Ich hab fünfzehn Jahre Berufserfahrung hinter mir, und da entwickelt man schon so einen gewissen professionellen Instinkt ...«

»Bloß nicht!« rief Bernhard Banzendorf. »Mein Gott ...!«

»Doch, machen Sie mal.« Britta Banzendorf drückte Nowitzke den weißgrauen Hörer in die Hand.

Lothar Nowitzke setzte sich auf die Kante von Banzendorfs Bett und rief Stefan an, einen Freund, der gerade im Abschnitt Nord seinen Dienst versah. Mit knappen Worten teilte er ihm mit, worum es ging und bat, bitte einmal nachzuforschen, ob es bei den Banzendorfs in Konradshöhe etwas gegeben habe. Stefan versprach ihm, sein Möglichstes zu tun. Okay, ja, Nowitzke möge in einer Viertelstunde wieder zurückrufen. Er, Stefan, wolle in der Zwischenzeit einen Funkwagen hinschicken und nachsehen lassen. Danke, Ende.

Sie traten auf die Terrasse hinaus und sahen auf Playa Blanca hinunter.

»Wie eine große Modell-Landschaft mit kleinen Lämpchen«, sagte Banzendorf. »Das Paradies. Und bei uns zu Hause, im Haus, da ist vielleicht ...«

Lautlos zog eine Maschine mit kleinen warnenden Blitzen und grün-roten Lichtern parallel zur Insel am nachtdunklen Himmel entlang, kam aus nördlicher Richtung und flog weit auf das offene Meer hinaus, so als wollte sie nach Südamerika hinüber, senkte sich dann aber in weitem Bogen auf den Leitstrahl hinab, der sie zurück nach Arrecife trug und sicher landen ließ.

»Ich seh uns morgen früh schon im Flugzeug sitzen«, sagte Bernhard Banzendorf.

»Komm! Es wird nichts weiter sein. Vielleicht ist Tante Greta irgendwo bei den Nachbarn drüben ...«

Immer wieder blickten sie auf ihre Uhren, und Bernhard Banzendorf fand, daß diese Viertelstunde länger dauerte als sonst ein ganzer Arbeitstag im seinem Laden.

Endlich sagte Nowitzke, daß er es nun probieren wolle. Die Banzendorfs gingen mit ins Zimmer und blieben dicht an seiner Seite. Nowitzke erreichte seinen Freund erst beim fünften Versuch. Kaum hatte er die ersten Sätze aus Berlin vernommen, da konnten sie es ihm ganz deutlich vom Gesicht ablesen, daß es passiert war. Britta Banzendorf schluchzte auf und preßte ihr Gesicht auf die Schulter ihres Mannes.

Nowitzke legte auf und faßte zusammen, was er erfahren hatte. »Es ist tatsächlich eingebrochen worden. Alles durchwühlt, wohl die Wertsachen alle gestohlen.«

Britta Banzendorf bekam einen Weinkrampf, und sie ließen sie anderthalb Valium schlucken.

Bernhard Banzendorf wußte nicht, wohin mit seiner Wut. »Diese Schweine! Auf den elektrischen Stuhl alle ...«

Lothar Nowitzke versuchte, beide zu beruhigen, ein wenig zu bremsen. »Sie haben doch eine Versicherung, die ...«

Da fuhr Britta Banzendorf herum. Ihre Augen hatten sich geweitet. »Und unsere Tante ...?«

Nowitzke blickte verwundert. »Der Stefan hat nichts gesagt von einer alten Dame ...«

»Sie haben sie ...« Bernhard Banzendorf konnte nicht mehr weitersprechen.

»Ach!« Nowitzke war da ganz direkt. »Wenn sie sie ermordet hätten, wären doch meine Kollegen auf die Leiche gestoßen.«

»Die werden sie irgendwie versteckt haben.«

»Quatsch, die haben doch sicher alles ...«

»Bernhard, wir müssen morgen früh sofort nach Hause!« rief Britta Banzendorf.

Dank des Einsatzes ihrer Reiseleiterin bekamen sie, wenn auch erst am frühen Nachmittag, zwei freie Plätze in einer Maschine nach Berlin. Knappe fünf Stunden flogen sie, und immer wenn Bernhard Banzendorf die Augen schloß, sah er sich und seine Frau wie in einer Folge von Reality-TV, wie sie von der Kripo pausenlos verhört wurden:

»Hier steht etwas von einer 'mit goldenen Klunkern behangenen alten Krähe' und einer 'abgetakelten Fregatte, die endlich einmal einer versenken sollte'. Das sind die Aussagen durchaus zuverlässiger Zeugen, Herr Banzendorf, und es besteht kein Zweifel daran, daß Sie damit Ihre Tante Greta gemeint haben.«

»Ja, Herr Kommissar, ich habe sie gehaßt. Als Kind hat sie mich gequält und wegen kleinster Vergehen stundenlang eingesperrt, im Keller oder auf dem Klo. Sie war häßlich wie die Nacht, eine fürchterliche alte Hexe, aber alle sollten sie für Greta Garbo halten.«

»Aber sie hat es zu einigem Vermögen gebracht?«

»Ihr Mann, Onkel Willi, hatte einige Mietshäuser geerbt.«

Der Kommissar fixierte ihn. »Und Sie haben das Geld gebraucht, um mit Ihrem Modellbahnladen über die Runden zu kommen?«

»Die Kinder spielen heutzutage lieber mit dem Computer ...«

»Sie hat Sie andauernd demütigen können, weil Sie auf ihr Geld angewiesen waren ... Und da sind Sie dann am Abend vor Ihrer Abreise nach Lanzarote explodiert!«

Banzendorf blieb nichts anderes, als den Kopf zu senken. »Ja ... Ich hab sie gepackt und mit dem Rücken gegen unseren Heizkessel geschleudert ...«

»Wo sie sich dann das Genick gebrochen hat.« Der Kommissar blätterte in seinen Unterlagen. »Und wer ist dann auf die Idee gekommen, die Einbrecher ins Haus zu locken und denen die Tat in die Schuhe zu schieben?«

Banzendorf sah seine Frau ins Zimmer treten und ein volles Geständnis ablegen. »Ich, Herr Kommissar. Ich habe diese Tante Greta noch stärker gehaßt als mein Mann. Nachdem wir uns kennengelernt hatten, war ihr nichts fies genug, um uns wieder auseinanderzubringen. Diese fette Schnecke, diese widerliche alte Kuh! Und ihretwegen sollte mein Bernhard nun in den Knast, ihretwegen sollte ich für den Rest meines Lebens alleine sein, ohne Mann!? Bernhard ist 39, ich 34, und wenn sie ihn wieder rausgelassen hätten, wäre ich schon eine alte Frau gewesen. Nein, tausendmal nein!«

»Und in Ihrem Reisebüro hat man Sie vor dem Hotel

'Montaña Roja' gewarnt, daß besonders dort den Gästen Schlüssel, Scheckkarten und Geld wegkämen?«

Seine Frau nickte. »Es war ganz einfach, das einzufädeln. Ich brauchte ja unsere Schlüssel nur offen auf dem Nachtschrank liegen zu lassen.«

»Und Tante Greta kam aus einem kleinen Nest in Westfalen?«

»Aus Bünde, ja, und da hat sie ziemlich zurückgezogen gelebt. Da wird sie so schnell keiner vermissen ...«

Beide, Bernhard wie Britta Banzendorf, hatten irgendwie gehofft, fast darum gebetet, mit ihrer 737 irgendwo über den Pyrenäen abzustürzen, dann hätte wenigstens alles ein Ende gehabt. Doch sie landeten überpünktlich in Tegel und saßen eine Viertelstunde später in ihrem Mercedes. Bis Konradshöhe waren es keine fünf Kilometer.

»Jetzt werden sie die Leiche ja gefunden haben«, sagte Bernhard Banzendorf. »Im Heizungskeller ...«

»Hundertprozentig.«

»Und dann werden sie einen Beamten dagelassen haben, um uns das zu sagen ...«

Britta Banzendorf versuchte, dessen Tonfall zu treffen. »Wir müssen Ihnen leider die traurige Mitteilung machen, daß Ihre liebe Tante beim Einbruch in Ihre Villa von den Tätern so schwer verletzt worden ist, daß sie wenig später ihren ... äh ... Verletzungen erlegen ist. Sie hatten ja nirgends hinterlassen, wo Sie ... so daß wir Sie auch nicht gleich fernmündlich informieren konnten. Mein herzliches Beileid.«

Banzendorf nahm die eine Hand vom Lenkrad und legte sie seiner Frau auf den Arm. »Es wird schon alles gutgegangen sein. Die Kripo ist ja derart überlastet und hat so wenig Personal, daß die da gar nicht genauer nachgehakt haben ... Und wenn einer eine Woche lang tot ist, kann keiner mehr ganz genau sagen, wann er ... Klar, daß es die Einbrecher waren.«

Als sie zu Hause ankamen, war kein Polizist zu sehen. Auch war die Eingangstür, wie sie es an sich erwartet hatten, mit keinem Siegel versehen.

»Haben sie sie doch noch nicht ...« Banzendorf zögerte.

Seine Frau nahm ihm die Schlüssel aus der Hand. »Komm, da müssen wir durch.«

»Vielleicht sind die ... noch einmal ...?«

»Quatsch!«

»Aber trotzdem: Scheiße!« Bernhard Banzendorf begann zu fluchen. »Wenn Tante Greta wirklich noch daliegen sollte, ist doch der ganze Effekt im Eimer: Daß die Polizei sie findet, sie selber, und damit automatisch die Einbrecher für die Täter hält.«

»Stimmt schon, aber was sollen wir jetzt machen?«

Als sie in der Diele standen, wurde Banzendorf übel. »Mir ist so schwindlig. Ich muß erst mal auf die Toilette ...« Er rannte los.

Britta Banzendorf war gelernte Arzthelferin, und sie hatte schon mehr als eine Tote gesehen. Schnell entschlossen riß sie die Kellertür auf und lief nach unten.

Sekunden später hörte Bernhard Banzendorf einen fürchterlichen Schrei.

»Sie ist weg! Tante Greta ist weg!«

Er riß sich die Hosen wieder hoch und stürzte nach unten. Es stimmte. Die Tote war verschwunden, das Blut war aufgewischt und abgewaschen.

Sie mußten sich gegenseitig stützen.

»Dann war sie gar nicht tot und ist zurück nach Bünde ...?«

Sie sprangen wieder nach oben und riefen bei ihr an.

»Nichts. Keiner da.«

»Sie kann doch auch unmöglich ... Ich hab doch Ahnung von sowas ...« Britta Banzendorf konnte es nicht fassen.

Bernhard Banzendorf war schon dabei, die Nummer seines Polizeiabschnitts zu suchen. »Dann ist sie doch schon mitgenommen worden, und die haben nur vergessen, uns ... Bei dem Chaos da.«

»Bitte, ruf an.«

Was blieb ihnen auch anderes?

Zehn Minuten später wußten sie Bescheid. Endgültig

und definitiv. Die Beamten hatten gestern abend ihre Tante weder tot noch lebendig gesehen, waren aber gerne bereit, eine Vermißtenanzeige aufzunehmen, wenn denn eine erstattet werden sollte.

»Ja, natürlich.«

Zwei Tage später saßen sie bei ihrem Spanier in Tegel, im 'La Casa Verde', und aßen noch einmal das, was ihnen auf Lanzarote so wunderbar geschmeckt hatte. Es wurde spät, und sie waren die letzten Gäste.

»La cuenta, por favor ...« rief Bernhard Banzendorf und war ein wenig stolz darauf, daß er das nun konnte.

»Die Rechnung, ja ...« Emilio kam. Sie kannten ihn gut und hatten so viel und oft mit ihm geredet, auch über Vertrauliches, daß sie ihn fast schon zur Familie zählten. Doch statt des bedruckten Papiers aus seinem Kassencomputer brachte er ein Polaroidfoto mit. »Eure Tante ... So, wie meine Leute sie gefunden haben ...«

Das Foto zeigte die ältere Dame, wie sie blutüberströmt im Heizungskeller lag.

Banzendorf sprang auf. »Und wo ist sie jetzt!?«

Emilio machte ein trauriges Gesicht. »Begraben in einem der Wälder hier ringsum ... Wir haben das getan für euch. Die Pietät ...«

»Ich zeige euch an!« schrie Britta Banzendorf.

Emilio schien von einem ungeheueren Schmerz erfaßt. »Es tut mir leid für euch, aber das wird nichts bringen. Wir sind absolute Profis, keine Spuren, nichts ... Aber umgekehrt: Wir könnten euch anzeigen, denn bei eurer Tante liegt vieles mit im Grab, was den Polizisten sagt, daß ihr es wart ... Das wäre nicht gut für euch.«

»Willst du uns erpressen!?« schrie Banzendorf.

»Nein, nur teilen. Ihr werdet eine Menge erben, du kannst dein Geschäft erweitern, Bernhard, und viel mehr verdienen als jetzt.«

»Wieviel ...?«

»Nicht alles auf einmal. Jeden Monat ein bißchen. Sagen wir, zehn Prozent von deinem Umsatz ...«

»Und wie lange soll das so gehen?«

Emilio lachte. »Ach weißt du, Britta, es dauert lange, bis so eine Leiche total verschwunden ist, verwest ... Und solange ihr sie nicht habt, werdet ihr zahlen. Sonst ...!«

Seit dieser Nacht im August können aufmerksame Wanderer in den Wäldern nördlich Berlins, so zwischen Oranienburg, Wandlitz und Bernau, mehrmals in der Woche und sonntags immer ein Ehepaar mittleren Alters mit einem teuren Spürhund umherstreifen sehen. Ihr Dialog ist stets der gleiche:

»Du, Bernhard, ich hasse Hunde!«

»Du, Britta, ich hasse diese feuchten Wälder noch viel mehr, ich will wieder in den Süden runter!«

»Gib dem Hund Tante Gretas Hose.«

»Hasso, faß zu! Und such!«

Karen Meyer

Nur zu deinem Besten, Kleine

Messler war guter Dinge. Morgen würde es losgehen. Endlich. Ein paar Dinge gab es noch zu erledigen, nicht ganz so angenehm, aber so ist das Leben. Seine Frau hatte das meiste bereits gepackt und war nun mit der Kleinen zum Spielplatz gegangen. Das Kind sollte nichts merken, sollte abgelenkt sein. Sie war noch so klein, gerade neun geworden, aber zu schmächtig und zart für ihr Alter. Die Sonne wird ihr gut tun, dachte er und war überzeugt, daß drei Wochen auf der Insel ausreichen würden, um zu vergessen.

Er trat auf die Bremse und lenkte den Wagen scharf nach rechts in einen schmalen Feldweg, der zum Baggersee führte. Auf dem Rücksitz schleuderte eine Tasche nach links und krachte gegen die Türverkleidung. Messler zuckte zusammen. Er war sicher, daß auch aus dem Kofferraum ein Geräusch zu hören gewesen war, verlangsamte die Fahrt ein wenig, als wollte er anhalten, entschloß sich dann aber anders und drehte am Radioknopf, bis er einen Sender mit Musik gefunden hatte, die er lauter stellte, als er es sonst tat.

Im Auto war es heiß, und er mußte seine schweißnassen Hände wiederholt an den Hosenbeinen abwischen, damit sich keine feuchten Schlieren auf dem Lenkrad bildeten. Er versuchte an den Urlaub zu denken, an die Sonne, die ab morgen drei Wochen scheinen würde. Drei Wochen ohne das tägliche Einerlei, in denen er zu all den Dingen kommen würde, die im Alltag immer untergingen. Er würde alle Zeit der Welt haben, um einfach nur dazusitzen und den Gedanken nachzuhängen, sich seiner Frau und seinem Kind zu widmen, und er würde dabei nicht so müde und abgespannt sein wie sonst nach der Arbeit. Ein Lächeln zog über Messlers Gesicht. Vor allem Zeit für das Kind.

Den ganzen Urlaub hatten sie danach geplant, was für die Kleine am besten sein würde. Seiner Frau hätte es auch ausgereicht, in den Harz oder nach Österreich zu fahren. Aber die Kleine sollte es gut haben. Die Wahl des Clubs, in dem sie die nächsten drei Wochen ausspannen würden, war kein Zufall gewesen. Einige Abende lang hatten Messler und seine Frau Kataloge gewälzt, bis sie das Richtige gefunden hatten. Dort, wo sie hinfuhren, würde es umfangreiche Kinderprogramme mit besonders geschulten Animateuren und Pädagogen geben, die ihre scheue Tochter zum Basteln und zum Wettspielen mit den anderen Kindern ermuntern und das ängstlich zurückgezogene Kind in fröhlich lärmende Spielgruppen hineinholen würden.

Messler blinzelte in die tiefstehende Sonne und stellte sich vor, daß seine kleine Tochter nicht wie sonst schüchtern am Rand stehen, nicht zurückweichen würde, wenn jemand sie zum Mittun aufforderte. Vielleicht würde sie sogar vergessen, sich hilfesuchend nach den Eltern umzudrehen, sie einfach vergessen.

Der Weg wurde holpriger, und als er mit der linken Seite in ein grobes Schlagloch geriet, fürchtete Messler, ein klagendes Geräusch von hinten gehört zu haben und drehte das Radio noch ein klein bißchen lauter. Außer der Musik war nun wirklich nichts mehr zu hören. Warum das Kind bloß so geworden war, hatte er sich schon oft gefragt. Als Säugling und als Kleinkind war sie ein Wonneproppen gewesen, zutraulich, pausbäckig, so ein richtiges Bilderbuchkind. Irgendwann war es plötzlich vorbei damit gewesen. Sie hatten nie herausbekommen, woran es lag. Die Kleine wurde ängstlich, traute sich nicht mehr allein aus dem Haus und wollte partout nicht von der Seite der Eltern weichen.

Dabei haben wir alles für sie getan, was man nur tun konnte, dachte Messler. Doch weder der Besuch im Kindergarten noch die Bemühungen, Nachbarskinder nach Hause einzuladen, waren erfolgreich gewesen. Von der Einschulung war sie ein Jahr zurückgestellt worden, und auch danach ging sie nur widerwillig zur Schule, morgens an der Hand der Mutter, und deshalb bald von den anderen verspottet, was sie jedoch scheinbar unbeeindruckt ließ. Obwohl sie rasch Lesen lernte und das ihre liebste Beschäftigung wurde, hatte sie in den anderen Fächern wenig Erfolg. Die Lehrer bezeichneten sie als in sich gekehrt, unkonzentriert und gleichgültig gegenüber den Unterrichtsthemen. Wenn sie in der Klasse aus dem Schulbuch vorlesen sollte, wurde ihre Stimme mit jedem Satz leiser, und sie begann sich bald zu verhaspeln, bis sie nur noch unverständliches Zeug herausbrachte. Zu Hause hingegen, in ihrem Zimmer auf dem Bett liegend oder im Wintergarten auf dem Liegestuhl mit der Katze auf dem Schoß, las sie ganze Romane in einem Tempo, das bald ein Kostenfaktor geworden war. Die einzige öffentliche Einrichtung, die die Kleine freiwillig und allein betrat, war die Pfarrbibliothek, wo sie sich mehrere Bände in der Woche auslieh. Für die dreiwöchige Ferienreise, gegen die sie sich ohnehin gesträubt hatte, wollte sie zwei Dutzend Bücher einpacken. Messler hatte ihr zugeredet, auf einen Teil der Romane zu verzichten, und mit der Gewichtsbegrenzung beim Fluggepäck argumentiert. Sie hatte sich heulend geweigert, auch nur einen Band zu Hause zu lassen, und so hatte er später seiner Frau gesagt, daß sie eben heimlich ein paar Bücher wieder auspacken sollte. Es würde ihr gut tun, mit den anderen Kindern im Club zu spielen und sich nicht immer in Traumwelten zurückzuziehen, darüber waren sich die Eltern einig.

Messler fuhr vorbei an alten niedrigen Apfelbäumen, die viel zu knorrig und ungepflegt waren, um noch Früchte zu tragen. Als Kind hatte er hier mit seinen Kameraden gespielt, Indianer, Polizei und Einbrecher. Sie hatten die wenigen Äpfel, die damals noch an den Bäumen wuchsen, grün gegessen, bis ihnen schlecht geworden war. Nach Hause gegangen war er nur ungern, am liebsten hätte er den ganzen Sommer draußen verbracht, auf den Bäumen und am Wasser unten.

Warum nur das Kind so anders war? Von mir hat sie das nicht, hatte Messler eines Tages seine Frau angebrüllt, als sie mit der Kleinen nicht mehr weiter wußten. Dann hatte die Mutter sie ein paar Tage lang einfach vors Haus geschickt. Tür zu und sich taub gestellt vor der Klingel. Draußen spielten immer irgendwelche Nachbarskinder. Nette Kinder aus ganz ordentlichen Familien, die sie nicht zur Seite geschubst hätten, wenn sie mitzuspielen begehrt hätte. Sie hatte es nicht getan. Hatte die Zeit bis zum Abendessen auf einer Bordsteinkante verbracht und den anderen zugeschaut. Tag für Tag.

Während dieser Zeit war ihr die Katze zugelaufen. Ein räudiges, ungepflegtes Tier, das vor allen Menschen scheu zurückwich. Seine Frau hatte durchs Küchenfenster beobachtet, wie sie angeschlichen gekommen war. Sich Meter entfernt von dem Kind mit erhobenem Schwanz aufgestellt und geschaut hatte. Minutenlang hatten sich Kind und Tier beäugt, bis die Katze näher kam, Witterung aufnahm und schließlich ihren Kopf am Kinderbein rieb. Noch immer war das Kind unbewegt geblieben, hatte nur eingeredet auf das Tier, was die Mutter nicht verstehen konnte. Gestreichelt hatte sie die Katze erst Tage später, als sie schon dazu gehörte und sich nicht mehr vertreiben ließ. Es war eine seltsame Freundschaft, die sie verband. Sie redete mit der Katze, las ihr bisweilen vor und kraulte zum Dank für ihre Aufmerksamkeit das Fell, das trotz tierärztlicher Behandlung und guter Ernährung sein räudiges Aussehen behalten hatte. Bald waren sie unzertrennlich. Und die Katze ist nicht so, wie Katzen sonst sind, dachte Messler immer wieder.

Als die Familie vor einem halben Jahr für ein paar Tage fortgefahren war, hatten sie bei der Rückkehr das Tier trotz reichlich hinterlassenem Futter halbverhungert vorgefunden. Messler war überzeugt, daß sich das Kind seither noch mehr von den Menschen zurückzog.

Er schaltete in den Leerlauf und ließ den Wagen ausrollen, als der Baggersee nicht mehr weit entfernt lag. Um diese Uhrzeit war hier niemand mehr. Die Bauarbeiter vom Kieswerk gingen freitags meist schon gegen Mittag, und auch die verbotenerweise hier schwimmenden Schüler verschwanden, wenn Schatten über der Liegestelle hing. Messler – obschon überzeugt davon, richtig zu handeln – war es ganz recht, jetzt allein zu sein.

Er zögerte ein wenig, den Kofferraum zu öffnen. Warme Luft, vermengt mit einem stechenden Geruch, schlug ihm entgegen, und für einen kurzen Augenblick spürte er einen Brechreiz. So rochen Angst, Schweiß und Scheiße. Mit einer Hand griff er nach dem zugeschnürten Jutesack, bemüht, nichts zu riechen, nichts zu hören und nur so wenig wie möglich zu sehen.

Trotzdem, es ist das Beste so, machte er sich Mut und hob den Sack an, aus dem ein leise klagendes Maunzen tönte. Er war schwerer, als Messler erwartet hatte, und bis zum Ufer mußte er zweimal die tragende Hand wechseln. Dann ließ er den Sack ein paar Mal hin und her pendeln, um genug Schwung für den Wurf zu gewinnen. Er drehte sich um, noch bevor der Beutel ins Wasser platschte.

Es ist alles nur zu deinem Besten, Kleine, murmelte er auf dem Rückweg zum Wagen.

Peter Minz

Entsorgung auf See

Auf dem himmelblauen Salzwasser unter dem wasserblauen Karibikhimmel, bestrahlt von der Nachmittagssonne, die sich schon auf den Weg machte für den Sprung ins Meer, dümpelte leuchtendweiß die *Hammonia*. Eine kleine Motorjacht mit Sternenbanner am Heck, wie geschaffen für einen Mann und eine Frau, die allein sein wollten mit sich und der Welt.

Guntram Nilhecht stand noch unschlüssig vor dem weißen Plastikeimer, der, verschlossen mit einem weißen Plastikdeckel, vor der Heckreling stand.

Nilhecht hatte sich zwar trotz seiner zweiundsiebzig Jahre die Mühe gemacht, ihn aus der Kombüse heraufzuschleppen, scheute jetzt aber doch davor zurück, ihn zu öffnen.

Sicher, der leichte Wind würde den Gestank hinaus aufs Meer treiben, so daß Asgard in ihrer Liege vorn am Bug nicht aus ihrem Schlummer hochschrecken würde.

Doch er zweifelte, ob er selbst den Geruch ertragen konnte, und befürchtete, sich lauthals übergeben zu müssen und seine Frau auf diese Art zu wecken.

Und natürlich mußte sie weiterschlafen.

Er überwand sich.

O Allmächtiger! Daß Fische, die im Wasser so aseptisch wirkten, an Land einen solchen Gestank verbreiteten!

Er trat ein paar Schritte zurück.

Ja, er war alt geworden.

Früher, als er noch zäh wie Leder, flink wie ein Windhund und hart wie Kruppstahl war, hatte er Juden und Iwans weggepustet wie Kuchenkrümel von der Tischdecke, und er hatte nicht kotzen müssen, als er ihr Gekröse über die Taiga spritzen sah. Im Gegenteil – lustig war's.

Doch seit er in God's Own Country lebte und mit dieser Kreuzung aus Eva Braun und Miss Piggy verheiratet war, hatten die Adjektive vor den 'wie's langsam, aber unerbittlich die Plätze getauscht, obwohl er im Geiste immer noch ein strammer Kamerad war.

Sie war halt reich gewesen, und er war arm: die bourgeoise US-Nazisse und der letzte arische Krieger aus dem verlorenen Reich. Ihre Sippschaft hatte zuerst die Nase gerümpft und jede Menge Schleim in den Rachen gezogen, den dann aber doch letztendlich runtergeschluckt. Schließlich hatte Nilhecht den Totenkopf getragen!

Angewidert packte er die Schöpfkelle, die er neben den Eimer gelegt hatte, und tauchte sie in den stinkenden Brei aus Fischteilen und Blut, hob sie hoch und schleuderte die herausgefischte Masse grimmig gegen den Horizont.

Die Leichenteile platschten auf die glitzernde Oberfläche des Meeres und versanken sofort, während sich das Blut langsam mit dem Wasser vermischte.

»Hoffentlich kommen sie schnell«, brummte Nilhecht und schleuderte noch drei Kellenvoll aufs Meer hinaus. Am liebsten hätte er den ganzen Eimer gepackt und ins Wasser geschmissen, aber falls die Biester nicht gleich kommen würden, wollte er noch etwas übrighaben von dem Zeug.

Er verschloß den Eimer wieder.

Den Brechreiz hatte er besiegt, bravo!

Aber Asgard ins Wasser zu bugsieren, war eine andere Sache. Vor zwanzig Jahren noch hätte ein kleiner Schubs genügt, aber mittlerweile war sie auseinandergegangen wie eine Leiche. Fünfzig Jahre fast hatte er ihr Geld genossen und sie dazu. Jetzt wollte er nur noch ihr Geld. Nochmal einen draufmachen mit den Weibern und dann ab in die Grube.

Er starrte auf das Meer hinaus. Und wartete auf dunkle Dreiecke.

Asgard blinzelte unter ihrem Strohhut hervor. Also doch! Wollte das alte Großmaul sie also doch über den Jordan schicken. Deshalb die Reise nach Jamaica, deshalb der Ausflug zu zweit aufs Meer, deshalb der geheimnisvolle Eimer. Mit Haien! Wie originell.

Früher hätte er sie noch selbst zerfleischt und gefressen. Aber er war alt geworden. »Son of a bitch«, grunzte sie in ihr Dreifachkinn. Wie er da stand und wartete! Putt, putt, putt, putt, putt – na kommt doch, ihr lieben Haifischchen. Alter Idiot!

Den perfekten Mord planen und dann im Schlaf darüber sprechen, noch dazu auf Englisch! Wütend richtete sie sich auf. Der Liegestuhl unter ihr bebte und krachte.

Nilhecht fuhr herum. Ojeoje, jetzt war sie wach geworden, und noch keine Flosse weit und breit. Es war schließlich eine Frage des Timings.

»Du bist wach?«

»Wie du siehst. Ich hab Hunger.«

Schnickschnack! Sie war fett genug. Mästen war überflüssig. Wenn sie erst einmal in der Kombüse ist, kommt sie da vor morgen früh nicht mehr raus, dachte er, und dann wären sie längst wieder im Hafen.

Er ging auf sie zu. Mit ausgestreckten Armen.

Sie rollte ihm entgegen.

»Wo willst du denn hin, kleine Walküre?«

»Runter, was essen.« Sie schien zu grollen.

»Aber es ist doch so schön hier oben! Wie die Sonne scheint ... Aaach, herrlich ...«

Und die Fische sitzen in den Zweigen des Seetangs und zwitschern! Teufel im Himmel, was hatte sie sich da nur für einen an Land gezogen!

Nur weil sein Wotan hart werden konnte wie ein Panzerrohr und er mit der gleichen Wucht über sie kam wie die Wehrmacht über Frankreich ... Aaach, das war vor tausend Jahren! Vielleicht sollte sie die Gelegenheit nutzen. Es mußte da unten jetzt doch nur so wimmeln von den Viechern.

Er packte sie an den Armen.

Und sie ihn.

Er ist noch genauso dünn wie nach dem Krieg, dachte sie, und genauso drahtig.

Er schluckte. Bleib kaltblütig, Alter! rief er sich im stillen zu, du hast heute schon mal deinen Ekel überwunden.

Er lächelte sie an. »Mein schönes Fräulein, darf ich wagen ...?« fragte er auf deutsch.

»Wer könnte da verneinen ...« flötete sie.

Ramón war ein junger Weißhai mit einem Hang zu grüblerischem Einzelgängertum. Er hatte gut zu Mittag gegessen, ein wenig Siesta gehalten und über die vermeintliche Intelligenz von Delphinen sinniert und darüber, ob Seesterne wohl existieren würden, wenn kein Hai sie bewußt wahrnahm. Das hatte ihn wieder etwas hungrig gemacht, und so ließ er sich nur zu gern von seinem Instinkt in die Richtung ziehen, aus der ihm ein wohlvertrauter süßer Blutgeruch in die Nase entgegen gespült kam.

Nilhecht grub seine Fingernägel in Asgards schwabbelige Oberarme. Verzweifelt starrte er sie an. Wie sollte er diese Tonne nur ins Wasser schmeißen?

Sie packte ihn bei den Hüften. Zangenartig – und schob ihn langsam gegen die Reling.

Du liebe Güte, was hatte sie nur vor? Panisch schaute er sich um. Sein Blick traf Asgards Augen. Allmächtiger! Solche Augen hatte er zuletzt vor Ende des Krieges gesehen. Als sein Obersturmbannführer einen russischen Offizier erwürgte! Er krallte sich fest.

Isabella war ein Blauhaiweibchen in den besten Jahren. Auch sie roch die Appetithappen, die Nilhecht so großzügig verteilt hatte. Sie erblickte Ramón, der von links heranschwamm.

Hoffentlich bleibt er mir vom Leib, dachte sie. Isabella hatte nichts übrig für diese plumpen grauweißen Machos, die immer nur ans Fressen dachten. Und dann diese Zähne ...

Holá, was für eine elegante Dame, dachte Ramón, die ist bestimmt aus gutem Hause. Aber er sagte sich, daß sie für einen wie ihn bestimmt nichts übrig habe. Sie ist eine Blaublütige, und ich habe häßliche Zähne.

Sie nahmen beide gleichzeitig die zwei strampelnden Lebewesen wahr, die, bis zu den Schultern im Wasser, neben einem hölzernen Bootsrumpf miteinander rangen.

Sieh an, Menschen, dachte Ramón. Er hatte schon Mensch gegessen und fand, daß es, wenngleich keine Delikatesse, so doch eine nette Abwechslung im täglichen Einerlei war. Er war Kavalier genug, ihr den Vortritt zu lassen.

Isabella hatte über Menschen schon manches gehört, sie aber noch nie probiert. Warum eigentlich nicht? Immer nur Fisch ...

Das fette Exemplar allerdings wollte sie dem Kerl hinter ihr überlassen, zum Kosten genügte auch das magere.

Nacheinander riß sie ihm einen Oberschenkel, ein Stück aus der Hüfte und einen Oberarm weg, während Ramón seine Beute ohne viel Federlesens buchstäblich zerfetzte.

Er kleckert, dachte Isabella und fand es widerlich.

Gerhard Neumann

Die Haßmord-GmbH

Als ich aufblicke, sitzt er an meinem Tisch.

Seine riesigen Ohrmuscheln gehen oben in hohe Spitzen über. Ich will darüber erschrecken und sehe noch ein zweites Mal hin: Da habe ich mich getäuscht. Aber nun heißt er bei mir schon Herr Satan oder Herr Belzebub. Ich verpasse Reisebekannten gern Spitznamen. Spontan. Und natürlich im stillen. Nicht selten bemerke ich später, ich habe sie gar nicht so schlecht gewählt.

»Ebenfalls auf einer Rennsteig-Tour?«

Sein Wanderstock lehnt gleich meinem im Schirmständer neben der Tür.

»Ja.« Ich sehe keinen Grund, vom Aber etwas hinzuzufügen – daß ich zuvor nämlich aus meiner Heimatgroßstadt per Bahn … Und schon gar nichts über jene Gedankenabgründe, von denen mich meine Wanderwoche ablenken soll.

»Sie sind mir aufgefallen. Prosit! Gleich vorgestern. Wählten stur einen eigenen Wanderweg …«

Das große Kognakglas, das plötzlich neben meinem Teller steht, ergreife ich achselzuckend, ich will den Mann nicht kränken.

Herr Satan – eine voreilige Namensgebung. Seitwärts gekämmte Schläfenhaare sollen die Stirnglatze verbergen, die Ohren sind gar nicht so riesengroß, und am linken Mittelfinger trägt der Mittvierziger einen silbernen Totenkopfring. Warum ich bisher den leicht verfetteten Wandersmann nirgends bemerkt habe, da er sich doch, wie er behauptet, seit Tagen in meiner Nähe …?

»Sie lesen gerade vom Mordfall Rienefeld?«

Mit einer halben Geste der Totenkopfhand weist er auf meine Zeitung, die noch auf dem Tisch liegt.

Ich habe bereits vergessen, wie der Ermordete heißt: Ein Masseur aus Hannover – ihm sind zwei Mietshäuser rückübertragen worden, im Osten Berlins, aus dem Besitz seiner längst verstorbenen Großeltern. Aber durch Raffgier und besondere Brutalität hat sich der Mann unmäßigen Haß zugezogen, und bei einer Urlaubstour hat ihn jemand erstochen, auf dem Fährschiff zwischen Stockholm und Helsinki, just als der einsame Kerl, Jott nee, durch ein Heckfenster den Sonnenuntergang betrachten wollte.

»Den Täter finden sie nie ...« Herr Satan kichert, und es stehen plötzlich wieder gefüllte Kognakgläser neben unseren Tellern.

»Zum Wohle! Und auf mein Alibi!«

Mit einem schneidigen Ruck, der mich unangenehm berührt, setzt der Mann sein Glas ab, nachdem er getrunken hat.

»Nein, ich war nachweislich nicht auf dem Schiff. Aber ich wohne im größeren seiner Häuser. Weil er mich mit meiner Familie nicht hinaussetzen kann, hat er uns bis aufs Blut gepeinigt.«

Es folgen bekannte Geschichten von den Schikanen neuer Osthausbesitzer: Sanierungsvorwände, Umbauten, Maurerdreck, Schlosserlärm, Kälte, Einschreibebriefe – alles, damit man aufgeben soll. Das Schutzdach von selbst verlassen, das eines der Einverleibungsgesetze immerhin gegen die Kündigung noch bietet. Rienefeld hatte sogar Ganoven bezahlt, die Herrn Satans Sohn niederschlugen, der Familie die Fenster einwarfen, das Auto zerbeulten. Natürlich unerkannt. Polizeilich: Bedauerndes Achselzucken. Und in den Amts-Ställen das bekannte Beamten-Muh und Beamten-Mäh.

Ich presse die Lippen zusammen. Meine Mitempörung braucht dieser Mensch nicht anzustacheln. Schließlich bin ich aus gleichen Verzweiflungsgründen auf meiner Wanderschaft. Wenn auch nicht von Berlin, sondern von Dresden aus.

Als ich nach dem dritten Kognak mein Los eingestehe, läßt mein Gegenüber mit Ah und Oh und Na-Sowas sogleich ein neugefülltes Gläser-Paar auffahren. Dabei, das sehe ich wohl, blitzt in seinen Augen ganz kurz eine Art Triumph auf.

Selbstverständlich kennt er Herrn Watschko nicht, der für mich ungefähr das darstellt, was für den anderen der ermordete Rienefeld gewesen sein mag, sozusagen der Todfeind. Doch solch ein Fremdsein sei ein gewaltiger Vorzug, sagt Herr Satan, und jetzt bekommt seine Rede sekundenweise doch einen teuflischen Beiklang. Die Person, die auf dem Fährschiff den Berliner Menschenschinder erstach, sei vorher ihrem Opfer auch nie begegnet. So geriet sie auch nie in Verdacht. Denn wer nicht so dumm sei, bei der Tat aufzufallen, rutscht bei solch einer Konstellation durch jedes Ermittlungssieb. Kein Motiv, nicht wahr?

Ich weiß nicht mehr, wieviel wir bereits getrunken haben, als ich Näheres von Herrn Watschko erzähle, Herrn Eginhard Watschko aus Kaiserslautern, der sich schon im Frühjahr 1990 in die sächsische Kommunalpolitik eingemischt und ein wichtiges Abgeordnetenmandat erobert hatte. Ob er auf diese Weise die Rückübertragung eines Dreifamilienhauses, das früher einmal seiner Großtante gehört hatte, zu beschleunigen wußte, ist mir nicht bekannt. Ich lernte ihn eines Tages als neuen Hauswirt kennen. Nämlich als er mich dringend ersuchte, meinen Mietvertrag und meine Wohnung zu kündigen. Freiwillig. Er würde dann jederzeit über mich seine schützende Hand ... Denn andernfalls – es gebe ja diese Gauck-Dienststellen, und er könne mich auch »überprüfen« lassen ... Ich sagte, diese Vokabel käme mir verdammt rechtsstaatlich vor, wie auch das ganze Ansinnen – doch er solle sich keinen Zwang antun. Zum Kündigen meines Mietvertrages sähe ich allerdings keinen Anlaß.

Die Druckmittel des Herrn Watschko waren von anderer Art als die des Herrn Rienefeld – versteht sich, ein Volksvertreter. Keine Brachialgewalt, keine Ganoven. Alles legal. Und Klartext nur ohne Zeugen. Als die politische Denunziantenküche versagen mußte, gab es Stockschläge auf den Magen. Erst verlor meine Frau ihre Arbeit, in ihrer Firma zählte Herr Watschko zu den neuen Kommanditisten, dann wurde ich entlassen, in meiner Dienststelle saß Herr Watschko in der Personalkommission. Die Arbeitsgerichtsprozesse, die ich angestrengt habe, benötigen ihre Zeit, zumal im Instanzenzug. Und dann machte Herr Watschko noch eine Schadenersatzforderung geltend, von einem Umbau im Kellergeschoß her: Streitwert DM 17.328,-. Seine Klage hat zwar keine Erfolgschancen, aber zunächst muß ich Kosten vorschießen: Für den Anwalt, für beglaubigte Abschriften, für Beweismittel ...

Wieder einmal stellt Herr Satan ein geleertes Glas mit einem schneidigen Ruck ab. Ob ich denn niemals daran gedacht hätte, für die Menschheit ein gutes Werk zu tun und eine Ratte wie Watschko umzubringen, fragt er. Fast vorwurfsvoll.

Unter beginnender Alkoholwirkung hebe ich grinsend die Schultern, so als könne man das im Spaße durchaus erörtern. Und auf die rasche Frage meines Gegenübers nach dem augenblicklichen Aufenthaltsort des Herrn gebe ich ernsthaft Antwort: Watschko durchstreift mit einer neuen Freundin von Quedlinburg aus den Harz.

»Wanderzeit – Mordzeit« meint der fremde Gast aufgeräumt, »direkt ein Werbeslogan für eine Firma. Ja, eine Mordfirma. Was meinen Sie, wollen wir nicht eine Mordfirma gründen?«

Er lacht laut und überzogen und schlägt sogar auf den Tisch, so witzig kommt er sich vor. Zum Glück sind wir beiden in der kleinen Schankstube des Rennsteigdorfs die einzigen Gäste.

»Über mein Aufgekratztsein und meine Mitteilsamkeit dürfen Sie sich nicht wundern«, setzt er nach einer Weile hinzu. »Alles nur Lampenfieber. Morgen habe ich jemanden umzubringen. Einen Theaterdirektor. Ich will es mit Gift versuchen. Meine Gegengabe, verstehen Sie, für den Rienefeld-Mord auf der Fähre ...«

Trotz der abstumpfenden Kognakwirkung durchfährt mich jetzt doch ein Schreck: Morde im Tausch? Das ist ja wohl Fopperei! Der eine bringt den Todfeind des anderen um, und der andere zeigt sich dafür mit einem Gegenmord erkenntlich? Also wirklich: Ein dürftiger Spaßvogel, dieser Satan …

»Sehen Sie, der besagte Theaterdirektor wird morgen in Brennungen beim Flugsportfest zuschauen. Er hat ja Ferien, und wie man mich informiert hat, ist er ein begeisterter Freund der Segelfliegerei. Wenn das Wetter so schön wird wie heute, rechnet man mit Tausenden von Zuschauern. Die sollen mittags zünftig verpflegt werden. Durch Gulaschkanonen. Da wird es mir in dem Gedränge nicht schwerfallen, eine Prise aus diesem Tütchen in den Teller des Opfers … Aber – ehrlich gesagt – aufgeregt bin ich doch. Es ist jedesmal wieder wie eine Uraufführung – jedenfalls stelle ich mir eine Uraufführung so vor – na ja – prosit …«

Wahrscheinlich bin ich schon zu betrunken, als daß ich mich nach Gebühr entrüsten kann. Was weißt du denn – lallt mein Inneres – Mörder ist jetzt in Deutschland vielleicht ein Beruf wie manch anderer auch, und du fällst als Ossi unangenehm auf, wenn du dich darüber verwunderst.

Zum Schluß überhört die Wirtin es wohl mit Absicht, wenn Herr Satan nach weiteren Kognaks ruft. Es fällt mir am nächsten Morgen nicht schwer, auch den folgenden Streit als Trunkenheitszeichen abzutun. Doch der Gasthofbesitzer auf meiner nächsten Wanderstation berichtet mir abends aufgeregt, beim Flugsportfest in Brennungen habe sich heute ein Mann an einer Erbsensuppe vergiftet. Ein Theatermensch, erzähle man, ein Schauspieler, er soll sogar schon ein paarmal im Fernsehen mitgewirkt haben, wirklich, aber nun sei er mausetot, und die Polizei habe die betreffende Gulaschkanone sofort beschlagnahmt.

Natürlich biete ich ohne Verzug alles auf, um meines Herrn Satan habhaft zu werden, mich um Lebens oder Sterbens willen der Unschuld und Unverfänglichkeit aller Ereignisse des vergangenen Saufabends zu versichern.

Doch damit ist es nichts. Nirgendwo kann sich jemand dieses Mannes erinnern. Sogar die Wirtin von gestern abend schüttelt nur verwundert den Kopf: Mit dem Herrn

Trisethau aus Wittenberg hätte ich gezecht, einem Stammgast, der logiere bei ihr jedes Jahr, und er sei heute mit Frau und Kindern nach Weimar weitergefahren ... Ach niemals, mit Berlin habe Herr Trisethau nichts zu tun ... sie selbst kenne schließlich die Familie seit langem ...

Ich bin verwirrt, einigermaßen ratlos. Die körperliche Erschöpfung, die auch am vierten Tag meiner Wanderung noch nicht abklingen will, steigert natürlich das Unbehagen. Vermehrt auch die Last des Vorwurfs, ich hätte das Geschwätz meines Mitzechers, den die Wirtin Herr Trisethau nennt, zu rasch verdrängt.

Mir fällt plötzlich auch aufs Gemüt, wie eingehend sich der Fremde nach dem Aussehen und den Lebensumständen des Herrn Watschko erkundigt hat, und voller Skrupel erinnere ich mich meines Lachens und meiner ausgiebigen Auskünfte. Meines amüsierten Zuhörens: Ich würde dann eines Tages telefonisch gebeten werden, mich irgendwann irgendwo mit jemandem zu treffen. Und bei dem Treff würde ich Näheres über den Herrn oder die Dame erfahren, die ich nunmehr töten müßte – quasi als Gegenleistung, weil jemand inzwischen den Watschko erledigt habe.

Und dann kommt mir auf einmal mein übermütiges »Topp!« ins Gedächtnis samt Handschlag und Schwur, womit ich gegen Mitternacht als Gesellschafter in eine Firma eingetreten bin, eine GmbH, die Morde begeht, ja, aber nur aus Haß, niemals um eines Gewinns willen: Eine Haßmord-GmbH, ganz richtig, so sollte sie heißen. Und eine echte Bedarfslücke schließen. Nämlich undeutsche Blutsauger – o Gott, »undeutsch« hat Herr Satan gesagt, wie betrunken muß ich gewesen sein, daß ich nicht spätestens hier »Schluß!« gesagt habe und meiner Wege gegangen bin – nämlich undeutsche Blutsauger gnadenlos ausjäten.

Denn im vorhandenen Rechtsgefüge (und da konnte und kann ich dem Herrn Satan allerdings nichts Schlüssiges entgegenhalten) ist der Mensch ohnmächtig gegen jede Entwürdigung, sofern man sie ihm im Zeichen des Eigentums zufügt. Den Theaterdirektor, so hatte mein Tischnachbar mir erklärt, werde er im Namen zweier Sängerinnen ermorden, die nur noch ganz kurze Zeit bis zu ihrer Rentenberechtigung arbeiten müßten und von ihrem Chef, damit er sie nicht vorher entlasse, bei jeder Premierenfeier gezwungen würden, auf allen vieren einmal um seinen Tisch zu laufen – wie Hunde – und sodann gar zu bellen. Nein, die alten Damen ahnten nichts von der geplanten Vergiftung; die Tochter der einen sei sozusagen die Auftraggeberin, sie habe die Ratte Rienefeld auf der Fähre erstochen.

Ach, ich solle mich doch nicht auf das Spießervorurteil gegen die Selbstjustiz herausreden! Und über linke Hoffnungen, doch noch eine gerechtere Ordnung herbeizuführen, könne er nur lachen. Diese Leute wüßten ja ganz genau, daß sie dazu zuerst wieder den Herrschaftsbau der Rienefelds und Watschkos zertrümmern müßten – und da folgen ihnen einfach die Massen nicht. Deshalb schwöre er, mein Trinkgefährte, lieber auf eine beherzte Elite – zum Beispiel auf unsere GmbH. Denn wodurch werde der Mensch, der treue und fleißige, bedrückt und um seinen Schlaf gebracht? Durch Unmenschen. Also müsse man Unmenschen beseitigen, wo man sie treffe – ohne Pardon. Eine überschwere Verantwortungsbürde, und nur wenige Auserwählte seien stark genug, sie zu tragen. Sie brauchten das Auge des Adlers, um die Unmenschen zu erkennen, den Mut des Löwen, um sie zu vernichten, und den Panzer der Schildkröte, um den Dolchen der Neidinge zu trotzen.

»Aber mit welchem Recht ...« beginne ich verwirrt einzuwerfen.

»Recht?« unterbricht mich Satan heftig. »Für mich ist ein Unmensch nach gutem germanischem Rechtsbrauch vogelfrei!«

Für den »germanischen Rechtsbrauch« habe ich aber nun trotz meines Zustandes nur eine verächtliche Geste und einen Lippenlaut, als spucke ich aus – was meinen Kumpan, bei dem der Alkohol schließlich auch nicht ganz ohne Folgen geblieben ist, zu unerwartetem Zorn aufreizt. Verdammt, tobt er los, er verlange Respekt. Und Gehorsam! Das sei die erste Vorbedingung, um unser Volk gesunden zu lassen. Woraufhin ich meinen Zeigefinger ausdrucksvoll gegen die Stirn führe und dem Brüllaffen zurufe, er solle sich gefälligst selbst und allein gehorchen, wenn er bestimmen wolle, wer ein Unmensch sei und wer nicht. – Man sieht, mit der Logik hatte der plötzliche Streit nichts mehr zu tun, und als ich mit einem »Götz von Berlichingen« meinen Wanderstock ergreife und zu meinem Nachtlogis hinaufstolpere, lacht Herr Satan nur böse hinter mir her: »Sie hören von mir ...«

Nein, es ist durchaus verständlich, daß ich am nächsten Tag diesen Erlebnissen anfangs keine Bedeutung beigemessen habe und erst nach dem Tod des Theaterdirektors stutzig geworden bin. Dann aber, als beim Zwang zum Nachdenken bestürzende Rätsel entstanden, sagte ich mir schließlich, der Kognak müsse an diesem Abend bei mir abseitige Gaukelbilder hervorgebracht haben, auch unter dem Eindruck meiner ungewohnten körperlichen Erschöpfung, Bilder, zu denen eben auch telepathische Streiflichter oder Wachträumereien gehört haben mögen – so etwas ist ja in Ausnahmefällen bereits bewiesen.

Diese Erklärung fand ich am Schluß meiner Tour in Neuhaus am Rennweg auch ganz plausibel ...

Da lese ich heute, als ich zu Hause in Dresden ankomme, in der Zeitung einen riesigen Nachruf für Eginhard Watschko, der durch einen bedauerlichen Bergunfall bei Alexisbad ... ausnahmslos tieferschütterte Wähler und Mitbürger zurücklassend ... Und ich wage es nicht, mich nach den näheren Umständen des Unfalltods zu erkundigen.

Ich will es nicht wahrhaben. Sollte ich nunmehr zu einem Treffen bestellt werden, um dort einen Mordauftrag zu empfangen – ich kann ja die Sache nicht einmal auffliegen lassen. Welcher Polizeibeamte würde mich bei einer Anzeige nicht für einen psychiatrischen Fall halten? Hielte ich mich denn nicht selbst dafür? Und wenn ich kneife? Treff und Mordauftrag nicht zur Kenntnis nehme? Wie sicher ist dann noch mein Leben?

Ja – ja – ja – das kann ich mir selbst beweisen: Die Sache mit der Haßmord-GmbH ist purer Unsinn, unsere Welt ist vernünftig eingerichtet, meine Ängste sind das Ergebnis vorschneller Phantasie. Oder des Alkohols. Oder, jawohl, eines Rechtsradikalen-Syndroms. Es stünde mir gut an, es einfach als glückliche Fügung hinzunehmen, daß da drei Ratten beseitigt wurden, wirkliche Unmenschen wie dieser Watschko ... Also: Augen schließen, Maul halten, nicht weiter nachdenken! Alles andere – das hat auch meine Frau bekräftigt – ist irrsinnig, irrational ...

Bloß, ich bin nicht mehr jung. Ich erinnere mich: Irrational?

Kann es deshalb in Deutschland nicht wahr sein ...?

Un-Menschen, Unter-Menschen, wer sucht sie aus?

Ist nicht immerhin Angst am Platz?

Hartwig Liedtke

Tod am Nil

»Weshalb geht das nicht weiter? Resi, kannst du sehen, was sich dahinten tut?« Sie flüsterte, Neugier schickte sich nicht für eine Dame in ihrem Alter.

Ihre Begleiterin, einen halben Kopf größer als sie, wippte auf den Zehenspitzen, fuhr Brust- und Halswirbelsäule aus, hob Kinn und Nase, um maximale Länge zu gewinnen.

»Nun sag schon, was los ist!«

»Da drüben«, Frau Teleskop haderte mit ihrem Gleichgewicht, »da drüben steht einer am Zoll und gestikuliert ganz aufgeregt.« Ihre Zehen begannen zu schmerzen, die Durchblutungsstörung meldete sich.

»Und weiter?«

»Jetzt, jetzt muß er seinen Koffer öffnen! — Hör doch mal auf zu zupfen, Hildegard! — Schau dir das an! — Ja, das gibt's doch gar nicht!«

Das war für die wissensdurstige, kleine Dame zuviel. Mit ihrem ganzen Gewicht hängte sie sich an die Bluse ihrer Freundin und zwang sie, sich ihr zuzuwenden.

Widerwillig beugte sich Resi hinunter und wisperte: »Erinnerst du dich an den dicken Mann aus Düsseldorf, an den mit dem knallbunten Bali-T-Shirt?«

»Etwa den mit der Puma-Tasche und den Badelatschen?!«

Resi stimmte mit einem kleinen Nicken zu.

»Der riecht doch so streng. Kein Wunder, daß sowas kontrolliert wird.«

»Ich hätte ihn durchgewunken, den widerlichen Kerl!«

Die beiden Frauen kicherten.

»Und weißt du was, Hildegard? Das alte Ferkel nimmt auch noch Drogen!«

»Nein!«

»Ich habe sein Spritzenset gesehen. Darum gibt's ja das ganze Theater!«

»Vielleicht ist er nur zuckerkrank«, gab Hildegard zu bedenken.

»Meinetwegen zuckerkrank! Ich hoffe nur inständig, daß er nicht auf unserem Schiff wohnt!«

»Bestimmt nicht! Schließlich reisen wir mit der KING RAMSES, einem Luxusdampfer! Damit fährt nicht Krethi und Plethi!«

»Ich wünsche, wohl geruht zu haben!« hieß sie der schlanke Ägypter in fast akzentfreiem Deutsch willkommen und verneigte sich höflich. »Ich hatte die Damen bereits zum Lunch erwartet!«

»Wir mußten uns erst ein wenig entspannen«, erklärte Hildegard keß. »Schließlich sind wir nicht mehr die Jüngsten!«

»Aber ich bitte Sie! So blendend wie Sie aussehen ... Mein Name ist Mustafa. Ich habe für Sie einen wunderschönen Tisch dort drüben am Fenster reserviert. Wenn Sie mir bitte folgen wollen?« Seine Manieren waren so perfekt wie der Sitz seiner schwarzen Livree.

Schwebend folgten ihm die beiden Damen aus Lippstadt. Da hielt Hildegard jäh inne und zog Mustafa am Arm, als sie sah, wohin er sie bringen wollte. »Nein!«

Resi war peinlich berührt, sie fühlte die Blicke der vielen Gäste wie Nadelstiche.

»An diesen Tisch setzen *wir* uns nicht!« bestimmte Hildegard.

Mustafa, sturmerprobt und wetterfest, ließ sich von dieser touristischen Böe nicht umwerfen. »Sie hätten früher kommen sollen, Madame«, erklärte er mit der ihm eigenen nordafrikanischen Ruhe. »Heute mittag wurden die Plätze vergeben. Jetzt ist leider kein anderer Tisch mehr frei. Daran wird sich während der ganzen Fahrt auch nichts ändern. Es tut mir leid.« Hinter seinem Lächeln lauerte die Aggression der Untertänigkeit. Nichts tat ihm leid. Jeden Tag die gleiche Leier! Sollen sie doch über Bord gehen, die alten

Zicken! Als er aber Hildegards Schilddrüse pochen sah, fügte er eilig hinzu: »Madame! Damen von Welt – wie Sie – können doch mit Reich und Bettelmann!«

Die beiden Frauen brauchten eine Weile, um darin ein Kompliment zu sehen, das der weitgereiste Mensch nicht von sich weisen durfte.

Fünf Minuten später reichten sich sechs Kreuzfahrer artig die Hände. So machten die beiden Damen die Bekanntschaft mit einem Ehepaar samt 14-jährigem Sohn aus einer unverkabelten Region der Pfalz, das mit Satellitenschüsseln zu einem nicht unerheblichen Wohlstand gelangt war. Und sie lernten den zuckerkranken Querulanten vom Vormittag kennen, der gerade dabei war, den zweiten Nachtisch hinunterzuschlingen.

Dank Mustafas Charme, den organisatorischen Drahtseilakten der Reiseleitung und natürlich der Weltoffenheit unserer beiden westfälischen Frauen verliefen die nächsten zwei Tage zur Zufriedenheit aller. Die Stadt Aswan mit ihren malerischen gelben Sanddünen am Westufer des Nils, den Felsengräbern und Feluken lag hinter ihnen. Der Flug zum Abu Simbel Tempel und die Besichtigungshetze blieb allen ein unvergeßliches Erlebnis.

Sie fuhren flußabwärts. Über der Wüste schwebte der untergehende Ball des Gottes Re. Palmen säumten ihren Weg. Fischer kämpften in ihren Nußschalen mit der Bugwelle von KING RAMSES. Vielleicht war es dort im Schilf gewesen, wo der kleine Moses von der Pharaonentochter gefunden wurde. Ägypten offenbarte sich in seinem ganzen Mysterienspiel. Links und rechts schufteten sich die glücklichen Fellachen die Finger blutig. 4000 Jahre waren vergangen, fast nichts hatte sich verändert.

Die Ruinen von Kom Ombo waren noch vor der Dämmerung besichtigt worden, und Hildegard hatte gerade der Tischgesellschaft erklärt, daß sie nicht im Traum daran dächte, ihr nicht unbeträchtliches Vermögen aus dem florierenden Bauunternehmen ihres verstorbenen Mannes den vier gierigen Kindern zu vermachen, sondern es systematisch in den kommenden Jahren verprassen werde, als Justus Schmidt, so der Name des übergewichtigten Diabetikers, sich ausgiebig in seine Serviette erbrach.

Warum nur!? Vielleicht einen Tag noch, und Hildegard und Therese hätten mit ihrer Gott gegebenen Toleranz der Aversion gegen die Ausdünstungen dieses ständig schwitzenden Mannes aus der Bestattungsbranche Einhalt geboten. Warum mußte er ihnen das antun!?

Keine 14 Stunden später wußten sie, weshalb. Denn dann hatte auch sie das Gift eines oberägyptischen Darmbakteriums ans Bett gefesselt. Brechdurchfall lautete die lapidare Diagnose des milchgesichtigen Schweizer Schiffsarztes, auf dessen Approbationsurkunde noch die feuchte Druckerschwärze glänzte.

Mustafa hatte seine rechte Mühe, die beiden Damen zu beruhigen. Ein separater Tisch mußte her – nicht so einfach auf hoher See – weit weg von Justus Schmidt, der sich nach seiner schnellen Genesung mit umso größerem Appetit über die Leckereien der arabischen Küche hermachte.

Sein Glück war aber nur von kurzer Dauer. Einer Hildegard oder Resi durfte man nicht ungestraft so übel mitspielen. Keinen Moment an oder unter Deck, weder Exkursionen noch Spaziergänge auf der Promenade von Luxor ließen sie ungenutzt, um über das Mißgeschick ihres übergewichtigen Mitreisenden herzuziehen. Anderthalb Tage später wußten alle Passagiere Bescheid. Die westfälische Front blieb kompromißlos und Herr Justus Schmidt in seiner Kabine.

Doch dann kam der Donnerstag abend. Um 20 Uhr stand die berühmte Ton- und Licht-Show im Tempel von Karnak auf dem Programm. Die drei vollbesetzten Reisebusse der KING RAMSES waren bereits abgebraust, als Justus Schmidt eine Kalesche bestieg und sich hinterherschaukeln ließ.

Ungeduldig warteten Hildegard und Resi und mit ihnen 120 Deutsche in der Dunkelheit vor der roten Plastikschnur.

Die mächtigen Pylone und gewaltigen Säulen ragten auf zum sternenübersäten Firmament. Als plötzlich eine Kolossalstatue in gleißendes Licht getaucht wurde und Ramses II. aus tausend Ecken und Winkeln zu erzählen begann, fröstelte es die beiden Damen. Ägyptens größtes Heiligtum hatte sie gepackt. Es überlief sie ein Schauer wie damals in Lourdes. Schon wurden sie tiefer in das Labyrinth dieser Tempelstadt geführt. Amenophis, Sesostris, Thutmosis — immer unheimlicher hallten deren Stimmen von den alten Gemäuern wider. Drüben ein roter Schimmer, dort ein blauer Strahl, grünliches Flackern überall. Eben noch ein Lichtermeer, jetzt wieder Finsternis. Das pietätlose Geschnatter der Touristen war verstummt. Stille. Hildegard suchte Resis feuchte Hand und hielt sie fest umklammert. Sie wagte kaum zu atmen. Da — auf einmal — dieser strenge Körpergeruch. Plötzlich durchfuhr sie ein heftiger Schmerz, ein Stich.

»Autsch!«

»Pssssst!« zischten zahllose Stimmen.

Hildegard massierte die brennende Stelle am Po und drehte sich um. Was war das? Um sie herum drängten sich neugierige Menschen und lauerten gierig auf die nächste Attraktion. Ihr begegneten einige strafende Blicke. Wahrscheinlich hatte sich nur ihre Hüfte gemeldet, die lästige Arthrose. Die Beschwerden ließen alsbald nach, und Hildegard nahm wieder teil am Geschehen.

Hatschepsut, Echnaton, Tutanchamun. Welch ein Erlebnis! Die Massen schoben Hildegard weiter durch Säulenhallen und Torbögen. Sie taumelte durch die Klangkulisse wie berauscht. Schalmeien und Leiern, dumpfe Trommeln im ewigen Fluß, einfach wundervoll. Das alte Ägypten lebte. Wo waren die 4000 Jahre geblieben? Drüben tanzten Mädchen in weißen Gewändern. Elefanten kreuzten ihren Weg, buntgeschmückt mit kostbarem Geschmeide. Kraftstrotzende Krieger auf goldenen Streitwagen entboten ihren Gruß. Weiße Araberhengste bäumten sich auf. Hildegard lachte. Ihre Angst war wie weggeblasen. Ein herrliches Spektakel. Und jetzt auch noch Kleopatra!

»Hildegard!« flüsterte die Königin mit tiefer Stimme. Es roch wieder so streng. »Hallo, mein Täubchen!«

Der Boden war furchtbar hart und kalt. Hildegard öffnete mühsam ihre Augen und blickte in das feiste Gesicht von Justus Schmidt, der sich dicht über sie gebeugt hatte. »Na, meine Gute? Alles in Ordnung?«

Nichts ist in Ordnung! Dieser Mann stinkt gräßlich! Er soll da weggehen! Resi! Doch niemand hörte sie, da sie keinen Laut über ihre Lippen brachte.

»Ich soll Ihnen schöne Grüße von Ihren vier Kindern bestellen. Ich bin übrigens gar nicht zuckerkrank. Insulin hinterläßt nur keine Spuren!«

Die letzten Worte hörte Hildegard schon nicht mehr.

Sie war hinübergegangen in das Reich der Pharaonen.

Siegfried Zadrazil

Rio muß man erleben

Rio! Rio! Die können mich doch alle mal. Robert saß im Flughafenrestaurant gleich neben der großen Glasfront und verfolgte das Geschehen in der Halle des Airports von Rio de Janeiro. Sein Bus zum Hotel sollte ihn in einer Stunde abholen.

Ein komisches Gefühl, so weit weg von zu Hause, ganz ohne Beatrix. Bisher hatte sie sich um alles gekümmert und dabei nie irgend etwas vergessen.

Langsam legte sich seine Aufregung. Immerhin, nach 17 Jahren Ehe war dies der erste Urlaub allein. Keine Ehefrau, keine Kinder. Eigentlich müßte er sich freuen.

Mit einer bösen Vorahnung überprüfte er den Inhalt seiner Reisetasche. Hatte er denn überhaupt alles mit? Reisepaß, Ticket, Travellerschecks und Scheckkarte. »Bitte getrennt aufbewahren«, hatte man ihm in der Bank geraten. Robert nahm die Karte und steckte sie in seine Sakkotasche. Dabei blickte er sich um. Wurde er beobachtet? Auf einem Flughafen gibt es jede Menge Gesindel, sagt man.

Aber niemand beachtete ihn. Einen unscheinbaren Mann, der mit 44 schon aussah wie 50. Das machten vermutlich die Haare. Die wenigen, die er noch hatte. Seine Haut war leicht gegerbt von 25 Saisonen als Bademeister. Aber seine Figur war in Ordnung. Kräftig, muskulös, kein Gramm Fett. Das war er seinem Job schuldig. Daß er dennoch etwas gedrungen wirkte, machte seine Größe von knapp 1,70. Mit hohen Absätzen.

Ein Polizist schaute durch das Glasfenster in das Lokal. Draußen wimmelte es nur so von Polizisten. Gleich neben dem Restaurant waren die Schalter zum Einchecken. Die ersten beiden Schalter gehörten der israelischen Fluglinie El

Al. Das merkte man auch an den Passagieren, die dort diszipliniert in einer Reihe standen. Die Kinder taten ihm leid. Mit ihren Gewändern, den Hüten und Schürzen mit Bändern, wirkten sie wie aus einer anderen Welt.

Dahinter waren die amerikanischen Schalter. Sieben oder acht an der Zahl. So genau konnte Robert es von seinem Platz aus nicht sehen. Unübersehbar waren jedoch die amerikanischen Touristen, die in Rudeln zusammengerottet, bunt und lautstark ihr Land repräsentierten. Amerikaner außerhalb ihrer Landesgrenzen waren eine eigene Spezies. Dreimal war Robert bereits in Amerika gewesen, aber diesen Typ Amerikaner, wie hier auf dem Flughafen, hatte er dort nie zu Gesicht bekommen.

Robert schaute auf die große Uhr in der Halle. Er hatte noch Zeit. Wenigstens war es hier ruhiger als in der Maschine. Bis auf den letzten Platz war der Flieger besetzt gewesen. Scheinbar handelte es sich bei dieser Reise tatsächlich um das »einmalige Superangebot«, wie Alfred es ihm angepriesen hatte.

»Mensch Bobby«, hatte Alfred auf ihn eingeredet, »so günstig kommst du in deinem Leben nicht mehr dort hin. Rio muß man einmal erlebt haben. Ich würde ja selbst gerne fliegen, aber wer vertritt mich hier im Reisebüro?«

Robert hatte abgelehnt. Ich kann doch nicht ohne Beatrix verreisen, war sein Argument.

Als sie sich einen Tag später zum Bowling trafen, hatte Altred Prospektmaterial von Brasilien mitgebracht. Zwei Stunden hatten sie ihn bearbeitet. Sogar Peter und Rubens von seiner Bowling-Runde hatten geredet, als ginge es um ihr eigenes Reisebüro.

»Beatrix ist das sicher recht.«

»Ich wäre sofort dabei, aber so schnell bekomme ich keinen Urlaub.«

»Denk mal an die kaffeebraunen geilen Mädchen in Rio. Hast du deinen Schwanz schon an den Nagel gehängt?« Sein blödes Gerede begleitete Alfred mit einem dreckigen Lachen.

Dann hatte sich auch noch Erwin, der Wirt ihres Stammlokales, in die Diskussion eingemischt: »Nein besser, du übernimmst für eine Woche meine Bowlingbahn, und ich ziehe mir die Puppen in Rio rein. Oder umgekehrt.«

Alfred hatte am lautesten von allen gelacht und wild mit den Fingern gestikuliert.

Gegen Mitternacht, sie waren alle schon leicht betrunken gewesen, kam Peter nach kurzer Abwesenheit zurück. »Du fliegst. Ich habe gerade mit deiner Angetrauten telefoniert. Sie freut sich.«

»Bist du wahnsinnig? Du hast Beatrix aus dem Bett geholt?« hatte Robert geschrien und war aufgesprungen.

»Komm, beruhige dich Bobby! Sie war sowieso noch munter. Sie freut sich wirklich«. Peter winkte Erwin. »Wir trinken noch einen auf deinen Urlaub.«

Das alles war nun drei Tage her. Wie schon so oft in seinem Leben hatte Robert sich breittreten lassen. Irgendwann in dieser feuchtfröhlichen Nacht hatte er ja gesagt, und um am nächsten Morgen abzusagen, fehlte es ihm an Rückrat. Was sollte es, das Wetter war miserabel. Die Reise kostete wirklich nur einen Spott. Jetzt war er hier also in Brasilien, ein Fremder unter Fremden. Am Beginn eines Urlaubs, dem er nicht das Geringste abgewinnen konnte.

»Amüsier dich gut«, hatte Beatrix bei der Abreise gesagt. Sie hatte ihn nicht zum Flughafen gebracht, weil sie am Morgen das Geschäft aufsperren mußte. Also war er mit dem Taxi gefahren. Sie besaßen zwar zwei Autos, aber Robert fuhr selten. Er haßte diese Hektik. Telefonierende, rauchende und aufgeregte Menschen hinter dem Steuer. Wo sollte das noch hinführen?

Er und amüsieren! Mit wem denn? Vielleicht mit der jungen Frau, die ein paar Tische weiter saß und nervös an ihrer Zigarette sog. Warum nicht? Sie war schön. Sie wirkte rassig, vermutlich arabischer Abstammung. Aber das waren nicht jene Frauen, bei denen Robert ankam.

»Im Puff himmeln dich alle Weiber an.« Alfred mußte es ja wissen. Er kam viel in der Welt herum, kannte sich aus beim weiblichen Geschlecht.

Sie sah ihn an, diese wunderschöne Frau. Sie sah ihn sogar sehr lange und intensiv an. Robert wurde verlegen, drehte sich weg. Aber als er einen Moment später wieder hinsah, nur um sich zu vergewissern, ob sie noch immer zu ihm herüberschaute, blickte er abermals in diese dunklen, phantastischen Augen. Hatte sie gelächelt? Ein Gefühl kam auf, daß er schon lange nicht mehr gespürt hatte.

Endlich schaute sie weg. Ihr Blick ging an ihm vorbei, hinaus in die Halle. Dabei kniff sie die Augenlider leicht zusammen. War sie kurzsichtig? Robert kannte das. Viele Menschen verzichteten im Bad auf ihre Brille. Weil das lästig war. Oder weil die Leute eitel waren. Eine Brille paßte nicht zu einer Badehose oder einem Bikini. Aber Bikinis sah man ohnehin immer seltener. Denn neuerdings badete man auch oben ohne.

Die Frau dämpfte plötzlich die Zigarette aus, winkte dem Kellner, bezahlte und stand auf. Robert spürte wie sein Pulsschlag heftiger wurde. Sie mußte an ihm vorbei, denn er saß unmittelbar neben dem Ausgang. Was sollte er tun? Er konnte sie doch nicht einfach gehen lassen. Nicht diese Frau. Er saß da wie gelähmt. Sie kam näher, geradewegs auf ihn zu. Robert wollte sich erheben, wollte etwas sagen. Aber was, um Gottes willen? Und wie? Sie war jetzt vielleicht zwei Schritte von ihm entfernt. Robert war unfähig, sich auch nur einen Millimeter zu rühren. Seine Kehle war wie zugeschnürt. Er war nicht feige, kein Versager. Er konnte doch mit jedem reden, hatte nie Probleme, Menschen anzusprechen. Er war Bademeister, kannte Hunderte von Leuten, sprach mit ihnen. Aber das hier war etwas anderes. Ein bedeutungsvoller Moment in Roberts Leben. Und er ließ ihn tatenlos vorbeigehen. Wie ein Film kam ihm dieser Augenblick vor. Ein Film, bei dem er Hauptdarsteller und Statist zugleich war.

Plötzlich spürte er ihren Kopf nah neben seinem. Er erschrak. Sie hatte sich herabgebeugt, so daß er ihren Atem spüren konnte.

»You should leave!«

Ganz kurz begegneten sich ihre Blicke. Robert machte den Mund auf, um zu antworten. Aber außer einem verstümmelten »Äh« kam kein Laut über seine Lippen. Es war sowieso schon zu spät. Sie war bereits draußen.

'You should leave!' Was war das für ein seltsamer Ton in ihrer Stimme? Es war nicht ihr Akzent. Fast weinerlich war ihm diese Stimme vorgekommen. Warum sagte sie das? Und was meinte sie damit? Soll er ihr vielleicht folgen?

Robert drehte sich um. Sie war nicht mehr zu sehen. Er haßte sich. Was war er doch für ein erbärmlicher Feigling. Er sah den Kellner ihren Tisch säubern. Der nahm das Glas, den Aschenbecher. Da stand doch noch ein Koffer. Ein brauner Aktenkoffer. Gehörte er ihr? Hatte sie ihn stehen lassen? Der Kellner entdeckte ebenfalls den Koffer. Sein Blick machte die Runde. Scheinbar suchte er nach dem Besitzer.

Robert sprang auf. Das war seine Chance. Seine zweite.

Er entriß dem Kellner den Koffer und lief aus dem Lokal. »It's okay. It's from the lady«, hörte er sich selbst sagen. War das wirklich er? Jetzt hatte er die Kraft, die ihm vorhin gefehlt hatte.

Seine Füße rannten fast von alleine. Vorbei an den Juden. Vorbei an den Polizisten. Vorbei an den Amerikanern. Einen stieß er nieder. Doch er rannte. Rannte zum Ausgang. Hoffentlich war es noch nicht zu spät.

Er fragte den nächstbesten Taxifahrer nach der Frau. Der schüttelte jedoch den Kopf, zeigte auf die Beschilderung. Es gab noch einen anderen Ausgang. Wieder rannte Robert durch die Halle. Er mußte diese Frau wiederfinden. Er stieß gegen einen Reisekoffer. Jemand schimpfte hinter ihm her. Keine Zeit für Höflichkeiten.

Das war nicht der zuvorkommende, immer freundliche Bademeister Robert Sedlacek vom Kongressbad. Nicht der selbstlose, beliebte Menschenfreund, der schon so manches Leben gerettet hatte. Er erkannte sich selbst nicht mehr. Was machte er hier? Lief wie ein Wahnsinniger durch die Gegend, in seiner Hand ein fremder Koffer. Jetzt erst wurde ihm bewußt, daß er seine eigene Reisetasche im Restaurant hatte stehen lassen. Aber das zählte im Moment nicht. Sie war wichtiger. Sie, die Frau in die er sich Hals über Kopf verliebt hatte.

Doch halt, da war sie! Auf dem Rücksitz eines Taxis, das eben abfuhr. Wäre er gleich zum richtigen Ausgang gelaufen, hätte er sie erwischt. Aber noch war es nicht zu spät!

Aus dem biederen Bademeister wurde plötzlich James Bond. Er sprang in ein Taxi, schrie den Fahrer an: »Follow that cab.« Er zeigte auf den Wagen, der jetzt kaum mehr zu sehen war. »Please, please.« Vielleicht ging es dadurch schneller. Robert griff in seine Tasche. Ja, das Geld hatte er bei sich. Der Paß war in der Reisetasche. Der Wagen wurde plötzlich spürbar schneller. Der brasilianische Fahrer hatte scheinbar bemerkt, daß Robert es eilig hatte. Und daß er auch bereit war, das Fahrgeld großzügig aufzurunden.

Tatsächlich holten sie den Wagen vor ihnen ein. Er konnte sie sehen. Sie war es. Ganz sicher. Erleichtert atmete er auf. Nur jetzt nicht mehr aus den Augen verlieren. Der Taxifahrer machte seine Sache gut. Er kannte seine Stadt. Es war später Nachmittag. Eine Menge Autos waren auf den Straßen Rios unterwegs.

Das also war Rio. Durch die Windschutzscheibe sah Robert den Zuckerhut. Der Fahrer sagte etwas, was er jedoch nicht verstand. Vermutlich versuchte dieser in gewohnter Manier, die Touristenattraktionen zu erklären.

»Amüsier dich gut.« Wenn Beatrix ihn jetzt sehen könnte. Vielleicht wäre sie sogar stolz auf ihn. Sexuell war nicht mehr viel los zwischen ihnen. Aber wen interessierte schon die eigene Frau, nach fast zwanzig Jahren? Oder der eigene Mann? Sie hatten einmal vereinbart, über fremde Affären nicht zu sprechen. Beatrix hatte da keine Probleme. Sie war nicht besonders hübsch, hatte aber eine Art, die fast jeden faszinierte. Er wußte, daß sie mit einem Angestellten ihres Frisiersalons ein Verhältnis hatte. Und sie dachte von ihm sicher das gleiche. Doch es war nicht so. Früher mal, da hatte er die Mädchen nachts ins Bad gelassen. Damals hatte sich öfter mal etwas ergeben. Aber meistens hatten die Mädchen die Initiative ergriffen. Das lag nun schon einige Jahre zurück. Daß er jemals in eine Situation wie diese hier geraten würde, hätte er nie gedacht.

Der Fahrer hielt den Wagen in angemessenem Abstand zu dem Wagen vor ihnen, der vor einem Hotel angehalten hatte. Offensichtlich war Roberts Fahrer ein wirklicher Profi. Die Tür des anderen Wagens wurde geöffnet, und Robert beobachtete, wie seine Angebetete aus dem Wagen stieg und in das Hotel ging. Der Fahrer konnte sich einen anerkennenden Pfiff nicht verkneifen und sagte wieder etwas, was Robert nicht verstand.

Wenige Minuten später betrat Robert den Empfangsraum des Hotels. Zuerst wollte er einfach den Koffer abgeben, ihr eine Nachricht schreiben und warten. Doch das wäre wieder typisch für ihn gewesen. Nein, diesmal mußte er selbst in Aktion treten. Jetzt war er dran. Alles oder nichts!

Er erkundigte sich beim Rezeptionisten. Eine Frau wie sie mußte auffallen. Nach anfänglichen Schwierigkeiten bekam er die Zimmernummer. Da sein Englisch nicht besonders war, hatte Robert auf ein international bewährtes Argument zurückgegriffen, einen 20-Dollarschein.

Achter Stock, Tür 847. Komisch, 47 war auch die Kabinennummer von Beatrix gewesen. Sie wollte immer diese Kabine haben, weil sie am hellsten war und sich darin ein großer Spiegel befand. Sie hatte jedes Mal ihren Beautycase mitgeschleppt, wenn sie nach der Schule ins Bad kam. Als 16jähriges Schulmädchen verschwand sie in der Kabine, als junge Dame kam sie wieder heraus – dachte sie. Einmal hatte sie ihn an der Hand genommen und ihn in die Kabine gezogen. Drinnen kleidete sie sich aus. Splitterfasernackt hatte sie vor ihm gestanden und gefragt, ob sie nun wie ein Mädchen aussehe oder wie eine Frau.

Roberts Herz klopfte lauter als sein Finger an der Zimmertür. Es dauerte eine Weile, bis die Tür geöffnet wurde. Doch nicht von ihr. Ein bärtiger Araber mit einem Schal über dem Kopf, der fast sein ganzes Gesicht verdeckte, stand vor ihm. Sie stand im Hintergrund. Robert konnte sie sehen. Sie war noch schöner, als er sie in Erinnerung hatte. Mit dieser Situation hatte er nicht gerechnet. Was sollte er jetzt sagen? Doch dazu war es ohnehin zu spät.

Als der Araber den braunen Lederkoffer in Roberts Hand entdeckte, konnte er gerade noch auf die Uhr schauen. »You Bastard!« schrie er, und in seinen Augen spiegelte sich Todesangst.

Eine heftige Explosion zerstörte fast das ganze Hotel, das weit vom Flughafen entfernt, am anderen Ende von Rio lag.

Sally Plonsky

Die Seelen der Verstorbenen ...

Gleich am ersten Ferientag lernte ich Bruno kennen. Er gefiel mir, denn er sah so richtig knuddelig und lieb aus. Jaja, er war ein bißchen dick, aber das fand ich gerade toll. Wenn wir in den Dünen lagen, legte ich meinen Kopf auf seinen dicken, weichen Bauch, und er erzählte mir wundervolle Geschichten. Geschichten von Piraten, Seeräubern, vergrabenen Schätzen und versunkenen Schiffen.

Jeden Tag kam er nämlich mit seinem großen Müllsack in die Dünen. Dort mußte er die Bier- und Limonadendosen aufsammeln, das weggeschmissene Papier, die schmutzigen Taschentücher und all den Müll, den die vielen Feriengäste rumliegen ließen. Ja, das war Brunos Job. Er war sogar froh darüber, daß er's tun durfte. »So einer wie ich kriegt nie 'ne andere Arbeit«, hatte er mir mal gesagt, als ich ihn fragte, weshalb er all den Schrott in seinen Müllsack reinstopfen mußte. Und dann hat er mich ganz lieb gestreichelt und mir mit einem verschmitzen Grinsen zugeflüstert: »Die Bademeister, Strandaufseher und all die Leute im Dorf denken, ich sei verrückt. Doch das stimmt nicht. Ich tu nur hin und wieder so, damit sie mich in Ruhe lassen und mir nicht dauernd meine Zeit wegstehlen, die ich dringend für wichtige Sachen brauche und ...«

»Für was für wichtige Sachen?« unterbrach ich ihn neugierig.

»Versprichst du mir, es niemandem zu sagen?« fragte er und schaute mich beschwörend an.

Nachdem ich ihm mein großes Piratenehrenwort gegeben hatte, antwortete er: »Ich gucke den Möwen zu und beobachte sie dabei, wie sie die Seelen der Verstorbenen in den Himmel tragen.«

»Die Seelen der Verstorbenen?« fragte ich atemlos.

»Die Seelen der Verstorbenen«, bestätigte er und nickte ernsthaft mit dem Kopf.

Ich überlegte mir lange, was er gerade gesagt hatte, und als die Sonne wie ein rotglühender Feuerball schon beinahe den hintersten Rand des Meeres berührte, fragte ich: »Und was geschieht im Himmel mit ihnen?«

»Dort werden sie zu Engeln. Zu wunderschönen, lieben Engeln«, antwortete er verträumt.

»Und die Möwen?«

»Die müssen wieder zu unserer Insel zurückfliegen und darauf warten, bis wieder jemand stirbt oder ermordet wird.«

»Sterben hier auf Sylt viele Menschen? Werden hier eine Menge Leute ermordet? Richtig ermordet? Und nicht bloß so wie im Fernsehen, wo sie hinterher wieder aufstehen?« fragte ich ihn, und ein mulmiges Gefühl beschlich mich. Ich schaute zu einem Schwarm Möwen hinauf, der laut kreischend dem Meer zuflog. Von hier unten sahen sie ziemlich klein und schwach aus.

»Sind die Seelen denn nicht viel zu schwer für die Möwen?« fragte ich ihn deshalb aus meinen Gedanken heraus.

Bruno schien meine Fragen nicht gehört zu haben oder wollte mal wieder nicht darauf antworten. Das tat er öfters. Er stand einfach auf, schüttelte sich den Sand von seinen langen dunkelblauen Cordhosen, die er trotz der Hitze jeden Tag anhatte, und verschwand mit seinem Müllsack hinter dem Strandhafer. Ich wartete noch eine Weile, bis ich ihn am Nacktbadestrand auftauchen sah. Dann stand auch ich auf und machte mich auf die Suche nach Mama und Papa.

Mama konnte Bruno nämlich nicht ausstehen. Sie sagte, er sei ein Kretin, ein schwachsinniger alter Trottel. Außerdem habe er so einen irren Blick, der ihr Angst mache. Natürlich übertrieb sie wieder mal maßlos — wie immer! Und deswegen konnte ich sie auch in diesen Ferien nicht besonders gut leiden!

Papa mochte den alten Bruno, und er wußte, daß wir uns jeden Nachmittag in den Dünen trafen. Papa verpetzte uns nie bei Mama.

An jenem Tag, an dem mir Bruno das mit den Möwen erzählt hatte, fand ich Mama und Papa in einer der hintersten Dünen oberhalb des normalen Badestrandes. Sie stritten, wie meistens, seitdem wir auf der Insel waren. Dabei waren sie doch extra hierhergefahren, um sich wieder zu vertragen. Jedenfalls behauptete das Mama immer! Nun hörte ich Mama schreien, daß mir die Ohren dröhnten, und in diesem Augenblick haßte ich sie! Armer Papa, immer mit so einer Schreijule zusammen sein zu müssen, ist für ihn auch nicht gerade lustig. Sie schrie irgendwas wegen der neuen Eigentumswohnung, die Papa ihr geschenkt hatte, weil Großmutter ja in ein Altenheim mußte und Papa nicht wollte, daß all sein schönes Vermögen vom Staat kassiert wurde. So ganz hatte ich nicht kapiert, um was es ging. Ich hörte bloß noch, wie Mama weitertobte, daß sie die Eigentumswohnung im Falle einer Scheidung behalten wolle und daß das nur recht und billig sei, so wie sie sich die ganze Zeit um Papas Mutter gekümmert hätte.

Was Papa ihr darauf antwortete, verstand ich nicht, denn es kam ein ziemlich starker Wind auf und dazu schrien noch die Möwen. Ich wollte mich schon verdrücken, denn der dauernde Streit meiner Eltern nervte mich entsetzlich, da sah ich, wie sich Mama auf Papa stürzte.

Jetzt sind Mamas Nerven wieder durchgegangen, dachte ich und verkroch mich hinter dem Strandhafer.

Das mit Mamas Nerven hatte mir Großmutter erzählt, bevor Papa sie ins Heim fuhr. Sie war ganz traurig gewesen und hatte gesagt, sie würde lieber sterben als in einem Altenheim dahinvegetieren zu müssen. Aber dann war sie doch in Papas Auto eingestiegen und hatte sogar das Bild von Großvater mitgenommen. Da hatte ich gewußt, daß sie nicht echt sterben wollte, sonst wär's ihr ja egal gewesen, das Bild von Großvater, oder?

Plötzlich wurde es still. Totenstill! Ich blinzelte zwischen dem Strandhafer hindurch und blickte entsetzt auf Papas Hände, die Mamas Hals fest umklammert hielten. Eine Möwe kam laut schreiend angeflogen. Da wußte ich, daß Mama tot war und ihre Seele nun in den Himmel getragen wurde, damit sie ein wunderschöner, lieber Engel werden konnte.

Das konnte ich mir gar nicht so richtig vorstellen. Ich meine, daß sie ein lieber Engel werden sollte, wo sie doch immer mit mir geschimpft hatte und richtig gemein zu mir gewesen war. Ich sah, wie eine der Möwen ihre Seele direkt im Flug mit dem Schnabel auffing und dann langsam immer höher und höher stieg. So hoch, bis sie hinter einer der kleinen rötlichen Wolken verschwunden war.

Vor lauter Schreck brachte ich keinen Ton heraus. Hastig kroch ich ganz leise rückwärts, die Dünen hinunter und rannte weg. Ich wollte nur fort. Fort von Papa und von Mama, die so ganz still dalag, mit ihren weit geöffneten Augen, die seltsam starr und irgendwie unendlich traurig ihrer fortfliegenden Seele hinterherguckten.

Ich rannte zum Strand und suchte Bruno.

Als ich mit ihm wieder zu meiner Mama kam, war Papa nicht mehr da. Ganz verlassen und noch genauso wie vorher lag Mama im warmen Sand. Da schaute sich Bruno Mama genauer an, legte sein Ohr auf ihre Brust, drehte sie dann vom Rücken auf den Bauch und sagte dabei kein Wort.

»Ist sie tot?« fragte ich ihn und hoffte, daß er nein sagen würde. Aber er murmelte nur was von einer ausgehauchten Seele. Da bekam ich plötzlich riesige Angst um Papas Seele, daß die vielleicht auch von den Möwen geholt werden würde, und als ich dann auch noch den Strandwächter kommen sah, lief ich einfach weg, um Papa zu suchen, ehe die gierigen Möwen sich seine Seele schnappten.

Armer Bruno!

Die Leute dachten, er wär's gewesen, der meine Mama umgebracht hatte. Die Polizisten dachten das nicht nur, sondern sagten es sogar.

Er wurde von ihnen grob behandelt, herumgestoßen und später abgeführt.

Irgendwann sah ich Papa zwischen all den Menschen auftauchen, die auf einmal alle zu der Düne liefen, in der

Mama lag. Ich rannte zu ihm hin. Er nahm mich ganz fest in seine Arme, murmelte etwas von einem Irren, der in die Klapsmühle gehöre und nicht als Mülleinsammler an den Strand. Und daß Bruno gemeingefährlich sei, schrie Papa den Polizisten auch noch zu, ehe er mich auf seine starken Arme nahm und mich vorsichtig in eines der Polizeifahrzeuge setzte. Ich wurde in unser Hotelzimmer gebracht, und eine nette Frau blieb die ganze Nacht bei mir. Später, als Papa kam, sagte er mir, daß diese Frau Moni heiße und bald meine neue Mami werden würde.

Am anderen Morgen packte Papa unsere Koffer.

Mir gefiel das nicht, denn Papa hatte mir versprochen, daß wir vier Wochen auf Sylt bleiben würden. Und nun sollten wir jetzt schon wieder heimfahren? Nicht einmal zwei Wochen waren wir dagewesen!

Während Papa mit Moni, die bald meine neue Mami werden sollte, rumknutschte, schlich ich mich aus dem Zimmer und suchte Bruno. Ich wollte ihm 'tschüs' sagen.

Als ich zum Strand kam, sah ich eine Menge Leute, die bloß rumstanden und aufgeregt miteinander redeten. Sogar einige Fotografen entdeckte ich unter ihnen. Ich fand's auch komisch, daß kaum Kinder im Wasser waren, wo's doch so heiß war. Sie lungerten um die Erwachsenen rum und hörten ihnen zu. Bruno entdeckte ich nirgends.

»Wo ist Bruno?« fragte ich deshalb einen der Strandaufseher und zupfte ihn an seinen kurzen Shorts.

»Kindchen, der sitzt doch immer noch im Polizeirevier und wird verhört«, antwortete er.

»Sei froh, daß der Idiot irgendwann mit einem der nächsten Züge nach Fuhlsbüttel gebracht wird«, sagte ein anderer.

»Sag mal, Kleine, war das nicht deine Mutter, die er gestern in den Dünen kalt gemacht hat?« fragte mich einer der Fotografen, zückte seine Kamera und machte, als ich nickte, ein paar Fotos von mir.

»Der Alte ist mir nie geheuer vorgekommen. Irgendwas in seinem Blick verriet mir, daß er mal ausflippen würde«, meinte ein Bademeister zu einem Mann, der fleißig irgendetwas auf einen Block schrieb.

Und dann lachten sie: die Strandaufseher, der Bademeister, der Fotograf und sogar der, der schrieb.

Wie gemein die waren! Bruno war weder ein Idiot, noch hatte er Mama umgebracht. Er war doch mein Freund! Ich wurde furchtbar wütend: »Bruno hat meine Mama nicht umgebracht, das war mein Papa«, schrie ich zornig.

Plötzlich hörten sie alle auf zu reden und schauten mich ungläubig an. Darüber ärgerte ich mich noch mehr und wiederholte: »Ja, Papa war's! Ich hab's genau gesehen, wie er mit seinen Händen ganz doll Mamas Hals festhielt, und dann flog eine Möwe ganz tief über Papa und Mama hinweg, schnappte sich die Seele meiner Mama und schwebte damit in den Himmel. Nun ist Mama ein wunderschöner, lieber Engel und ...«

Die Leute lauschten gebannt meinen Worten, und darüber freute ich mich riesig. Aber plötzlich bekam ich dann doch ein ganz schlechtes Gewissen und schämte mich fürchterlich: Ich hatte mein Piratenehrenwort gebrochen!

Achim Koch

Schlaflose Nächte

»Bumm!«

Er fuhr hoch. Sein Herz hämmerte. Der Knall klang in seinen Ohren nach. Er blinzelte in die Dunkelheit. Nur die matte Kontur des kleinen Fensters war in der Schwärze vor ihm auszumachen. Er tastete mit der Hand zur Bettkante, wobei er versuchte, ruhig zu bleiben, ruhig und gleichmäßig zu atmen. Neben sich hörte er eine Bewegung.

»Barbara?«

»Mhm?«

»Hast du das auch gehört?« Er flüsterte. Das Fenster stand auf, nur die Läden waren geschlossen. Vielleicht hörte draußen jemand mit.

»Natürlich habe ich das gehört! Ich hab noch gar nicht geschlafen. Ich wußte, daß das wieder passiert!« Sie rückte an ihn heran.

Er lehnte sich aus dem Bett und tastete über den Holzfußboden. Da war es. »Diesmal erwische ich das Schwein!« Er faßte das Messer und stieg aus dem Bett. »Kam das vom Dach?«

»Sei vorsichtig, bitte!«

Er tastete sich an der Wand entlang. An einem Haken neben der Tür hing die Taschenlampe. Er hörte, wie seine Frau auch aus dem Bett stieg. »Nicht das Licht anmachen«, sagte er.

»Jens, bitte sei vorsichtig. Ich habe Angst.«

»Wenn du mich draußen rufen hörst, dann mach das Licht an. Alles. Vorn am Haus das und hinten im Hof. Alles hell erleuchten! Diesmal kommt er mir nicht davon. Und wenn ich ihn mit dem Messer an der Tür festnageln muß.«

Barbara folgte ihm, wollte ihn halten. Er löste sich und patschte auf bloßen Füßen durch das Haus.

Seine Mutter hatte noch am Zug zum Fenster hinaufgerufen, ob sie denn wirklich wüßten, was sie da tun würden. Ob sie nicht doch noch schnell woanders Urlaub machen könnten: »Sie werden euch anspucken! Die Frau Gullwitz haben sie auch angespuckt!«

»Mein Gott, Mutter! Jetzt hör doch endlich auf. Was sollen sie gegen uns haben? Wir werden schließlich nicht mit der Reichskriegsflagge durch Breslau ziehen!«

»Junge, die Frau Gullwitz hat gesagt –«

»Außerdem ist das eine ganz andere Gegend, in die wir fahren. Mach dir keine Sorgen!«

Der Zug war angefahren, sie hatten gewinkt. Dann hatte sich Barbara in den Sitz fallen lassen. »Die macht einem ja richtig Vorfreude auf den Urlaub!«

»Ich brauche noch einen Kaffee«, sagte sie jetzt. Sie sah blaß aus. Jens winkte dem Kellner, hob zwei Finger und sagte: »Kawa.«

Sie saßen auf weißen Plastikstühlen unter einem pinkfarbenen Neonschriftzug vor dem Restauracja und sahen in die karge Landschaft. Ein sandiger Pfad führte zu den drei kleinen Flachbauten, die am Rand des Dorfes lagen und an Touristen vermietet wurden. Von ihrem Haus war nur ein Stück der graugrünen Mauer zu erkennen, die den Hof umschloß. Die anderen beiden Gebäude standen leer.

»Wenn ich nur wüßte, wie das Schwein gestern nacht so schnell abhauen konnte?! Wie macht der das? Ob der uns vielleicht nur was aufs Dach wirft? Aber ich bin ja noch nach oben geklettert und hab nachgesehen.«

»Jens, ich halt das nicht mehr aus. Bei jedem, den ich hier sehe, denke ich nur: Wär der imstande, so etwas zu tun? Jede Nacht zu unserem Haus zu schleichen! Gegen die Tür zu treten oder über die Hofmauer aufs Dach zu springen! Uns zu erschrecken und dann wegzulaufen!«

»Barbara, ich weiß es doch auch nicht!«

»Wir haben doch keinem hier was getan.«

Seit fünf Nächten ging es so. Seit sie hier waren, in diesem kleinen polnischen Dorf, in dem sie sich mal so richtig erholen wollten. Gleich in der ersten Nacht, nachdem sie ein Taxi über holprige Wege hergefahren hatte, hatte es angefangen. Das Dorf war vollkommen still gewesen, dieses Restauracja, die einzige Kneipe im Ort, geschlossen. Sie hatten ausgepackt, etwas von dem Wodka getrunken, den sie beim Umsteigen in Poznan gekauft hatten, und waren in die Betten gestiegen. Sie lagen in der Dunkelheit, horchten in die befremdliche Stille, da hatte es plötzlich geknallt. »Bumm!« Ein dumpfer Schlag an die hölzerne Haustür. Sie hatten geglaubt, jemanden weglaufen zu hören. Jens war aufgesprungen, hatte die Tür aufgerissen, draußen das Licht angeschaltet und in die stille Nacht hinausgestarrt. Niemand war zu sehen gewesen.

Barbara wollte keine Ruhe geben. Immer wieder fragte sie: »Warum?«

»Naja, Deutsche scheinen vielleicht wirklich nicht beliebt zu sein.«

Paß auf, sie werden euch anspucken.

Jens warf einen Blick auf die Armbanduhr. »Wir sollten zum Haus gehen.«

Der Wirt stellte schon die Stühle hoch. Die Kneipe machte zu. Jens und Barbara zahlten, gaben etwas Trinkgeld und gingen durch die sternklare Nacht. In einigen Häusern brannte noch Licht, unter einer Laterne standen Jugendliche, zwei von ihnen mit Mopeds. Sie lachten.

»Dzien Dobry«, sagte Jens. Zwei von den ungefähr fünf Worten Polnisch, die er verständlich vorbringen konnte.

»How do you do?« fragte einer der Jungs.

»Fine, fine«, erwiderte Jens, ging lächelnd und nickend an ihnen vorbei.

»Meinst du, einer von denen?« flüsterte Barbara.

»Was weiß ich.«

»Das ist jetzt die sechste Nacht. Ich fühl mich fertiger als vor dem Urlaub. Wenn uns heute nacht wieder wer weckt, dann ziehen wir hier aus, ja? – Ich meine, wenn sie uns nicht hier haben wollen, bitte!«

»Die Leute hier sind eigentlich doch ganz freundlich, da muß irgendein spezielles Arschloch was gegen uns haben.«

»Aber irgendwann ist Schluß, ich mach das nicht länger mit!«

Barbara schlug die Decke zurück und stieg ins Bett. Jens legte die Taschenlampe und das lange Brotmesser auf den Fußboden neben das Bett, in Griffnähe.

»Hast du auch die Türen geschlossen?«

»Ja.«

»Beide? Auch die Hoftür?«

»Ja, und die Fenster und Fensterläden auch.«

Sie lagen in der Dunkelheit und versuchten zu schlafen. Eine Stunde verging, da flüsterte Barbara: »Hast du auch Schritte gehört?« Sie klang atemlos.

»Ich weiß nicht«, meinte Jens. »Aber ich werd's rauskriegen.« Leise schlüpfte er aus dem Bett, nahm das Messer vom Boden und schlich durch das Haus. Aus jedem Fenster warf er einen Blick.

»Nichts.«

Barbara kam zu ihm. »Meinst du, sie sind im Hof?«

»Wenn ich die Tür aufmache, machst du sofort das Licht an, ja?«

Jens riß die Hoftür schwungvoll auf. Die Außenbeleuchtung tauchte das Karree in grelles Licht. Niemand da. Mit dem Messer in der Hand lief er über das Pflaster zur brusthohen Hofmauer, warf an allen drei Seiten einen Blick darüber. »Nichts«, wiederholte er.

Sie gingen wieder ins Haus. Schlafen legen wollten sie sich aber nicht. Sie setzten sich an den Kamin und tranken Wodka. Sie unterhielten sich leise. Hin und wieder sagte einer: »Pscht!« Und dann horchten sie. Aber es passierte nichts.

Als sie schließlich ins Bett gingen, waren sie so betrunken, daß ihnen alles egal war. Sie kicherten, krachten auf die Matratze und dachten, in dieser Nacht könne sie nichts mehr erschrecken — da machte es: »Bummm!«

»Das war hinten an der Hoftür, oder?«

»Vielleicht sollten wir ihn einfach rein bitten?« schlug Barbara vor.

Er schnaufte. »Das werde ich auch tun.« Er ließ sich seitlich aus dem Bett rollen, kroch über den Boden und tastete nach dem Messer. »Hast du eine Ahnung, wo ich das verdammte Messer –«

Auf dem Pflaster im Hof klirrte etwas. Jens hielt den Atem an. Er versuchte, schnell aus dem Raum zu kommen, stieß an den Türrahmen. Er stolperte durch den Wohnraum, griff den Schürhaken und ging so bewaffnet zur Hoftür. Vorsichtig öffnete er die Tür.

Draußen war alles still und dunkel. Er sah sich um, links nichts, rechts nichts. Dann machte er einen Schritt nach vorn. Über seinem linken Ohr hörte er ein Rascheln. Er blieb stehen und drehte ganz langsam den Kopf.

»Miau«, machte es hinter der Ecke.

Aber Jens konnte eine Katze von einem Menschen unterscheiden. Und dies war keine Katze!

»Miau«, kam es wieder. Es klang so künstlich wie in einem schlechten Film. Freund, du bist ertappt, dachte Jens und hob langsam den Schürhaken. Mit einer blitzschnellen Bewegung holte er aus und schlug über die Mauer in die Dunkelheit. Es krachte dumpf und knirschte, ein Körper fiel zu Boden. Getroffen.

»Barbara?« Jens' Stimme klang heiser. »Barbara, ich brauch Licht hier.«

Die grelle Hofbeleuchtung ging an. Barbara steckte ihren Kopf nach draußen. »Was hast du?«

»Getroffen«, sagte Jens. Er blinzelte. Das Licht machte ihn ganz benommen. Er ging an die Mauer, beugte sich darüber und sah sein Opfer: eine Katze. Sie lag auf der Seite und rührte sich nicht. Jens stieg über die Mauer und holte das Tier. Es war schwer und hing schlaff in seinen Händen. Verletzungen konnte er aber keine erkennen. Nur die Zunge hing heraus, mit einem winzigen Blutstropfen an der Spitze. Er legte das tote Tier auf den Boden.

»Jens!« hauchte Barbara mit leichtem Entsetzen in der Stimme.

»Ich vergrab das Ding, dann ist hier endlich Ruhe.«

»Jens, du hast –«

»Ja, ist ja schon gut. Ich weiß, was ich habe: Ich habe dem Vieh hier eins vors Maul gegeben. Jetzt beschwer dich bloß nicht.«

Barbara sah sich um. »Hoffentlich sieht uns niemand. Ich mach lieber mal das Licht hier draußen aus.«

Sie ging ins Haus. Mit einem Schlag war das Licht weg. Nur aus den schmalen Schlitzen der Fensterläden drangen ein paar Strahlen. Doch am Horizont dämmerte bereits der Morgen.

»Und jetzt?« Sie stand in der Tür.

»Na, ich vergrab das Vieh.« Jens nahm den Schürhaken und scharrte in den Fugen zwischen den Pflastersteinen. Er löste einige kleine Brocken, kam dann aber nicht weiter. »Bring mir mal den Wodka!«

»Ich könnte auch einen Schluck vertragen.«

Sie saßen im ersten Morgenlicht vor der toten Katze und hatten die Flasche geleert.

»Finis mit Eau de Pologne. An die Arbeit.« Jens stand auf, er wankte. Mit breiten Schritten ging er ins Haus und kam mit einem Fahrradkorb und einem Gaskocher zurück. »Spuren verwischen«, meinte er.

Er baute ein Gestell und machte Feuer unter der Katze. Es begann zu zischen und zu stinken. Sie setzten sich weiter weg, sahen zu, wie die Katze schmorte und stank.

»Ich glaub, mir wird schlecht«, stöhnte Barbara und verschwand im Haus.

Die Katze brannte nicht richtig. Jens nahm den Schürhaken und wendete sie.

Als Barbara zurückkam, blieb sie wie angewurzelt in der Tür stehen. Sie hob den Arm. Jens wußte nicht, was sie meinte, und drehte sich um. Hinter der Mauer standen Leute und sahen ihm zu. Er sah die starren Gesichter, in denen sich das rötliche Morgenlicht mit der flackernden Spiegelung der hell lodernden Gasflamme mischte.

Jens stand auf und rührte sich nicht mehr, bis ihn ein krummbeiniger Uniformierter fest am Oberarm packte. Er ließ sich den Schürhaken aus der Hand nehmen und über den sandigen Boden zu einem Polizeiwagen führen. Die Zuschauer standen schweigend Spalier. Als er sich vor dem Einsteigen umdrehte, um nach Barbara zu schauen, sah er vor sich das gefurchte Gesicht einer alten Frau. Und bevor er wußte, was die Grimasse bedeuten sollte, hatte er ihren Speichel im Gesicht.

Niklaus Schmid

Haus mit Meerblick und Zisterne

Von der Dachterrasse konnte er einen schmalen Streifen Sandstrand und dahinter die große, tiefblaue Fläche des Mittelmeeres sehen. Dazwischen lagen noch ein paar andere Ferienhäuser, aber ziemlich weit weg und verdeckt von Pinien. Der richtige Platz für Verliebte oder um allein zu sein, dachte Mangler und schloß die Augen.

»Bruno, wo steckst du? Ich brauche Wasser, ich will duschen.«

Auf diesen Ausruf seiner Frau hatte er gewartet. Mangler erhob sich aus dem Liegestuhl und stieg die Außentreppe hinunter.

Aus der Zisterne, die unter der Veranda lag, pumpte er Wasser in den Behälter auf der Dachterrasse. Nach hundert Pumpenschlägen hörte er die Dusche plätschern. Die Badezimmertür stand offen. Er sah Evelyns Bewegungen hinter dem Duschvorhang.

»Was ist denn das?« Sie schlug den Vorhang zur Seite und starrte auf das bräunliche Wasser, das ihr über die Hände rann. Der Ekel hatte ihren Mund noch schmaler gemacht. »Bruno! Es riecht auch modrig. Du solltest unbedingt die Zisterne reinigen.«

»Leichter gesagt als getan. Das Wasser muß abgepumpt und der Rest eimerweise ausgeschöpft werden, dann den Boden und die Wände abschrubben, wieder ausleeren — Stunden würde ich da unten verbringen.«

»Bruno, was schaust du mich so prüfend an?«

»Na ja, immerhin würdest du eine Menge Geld bekommen, wenn ich nicht mehr rauskäme.« Er sprach gedehnt, strich sich langsam über die Bartstoppeln. »Hier im Süden sagt man, es sei Vertrauenssache, mit jemandem eine Zisterne zu reinigen.«

Sein Lächeln ließ offen, ob er einen Scherz gemacht hatte oder ob er seinen Worten nur die Schärfe nehmen wollte.

»Und?« schnappte sie. »Hast du etwa zu deiner eigenen Frau kein Vertrauen?«

»Doch, doch«, erwiderte er und tätschelte ihr die Schulter.

Bruno Mangler trug nur eine Badehose, sein Körper war mit Schmutz bedeckt. Schweiß perlte ihm von der Stirn. Er stellte den Eimer in den Lichtfleck am Fuß der Leiter und gab Evelyn durch ein kurzes Rucken an der Leine ein Signal.

Als der Eimer über ihm in der Öffnung verschwand, drehte er sich um. Er zwinkerte, damit sich seine Augen wieder an das Halbdunkel gewöhnten. Der Rest des Wassers, mit dem er die Wände abgewaschen hatte, begann sich in einer Vertiefung zu sammeln.

Er bückte sich, um mit einem Schwamm die braungrüne Flüssigkeit aufzuwischen.

»Einen Eimer noch, dann hätten wir's«, rief er über die Schulter. »Nachher bestelle ich im Dorf den Wasserwagen, fünftausend Liter dürften für die nächsten Wochen reichen. Der Winterregen wird dann die Zisterne bis zum Rand füllen, so daß wir im kommenden Jahr genügend sauberes Wasser haben.«

Ein schabendes Geräusch ließ ihn herumfahren. Die Leiter, die er am Rand eingehängt hatte, bewegte sich nach oben. Er schnellte in die Höhe und versuchte, die unterste Sprosse zu erreichen. Seine Hände griffen ins Leere.

In der Luke erschien Evelyns Gesicht, das sich gegen den gleißenden Hintergrund als Schattenriß abhob.

»Bruno«, flüsterte sie, »Zisternensäubern ist reine Vertrauenssache.«

»Evelyn, mach keinen Quatsch!«

»Ich mache keinen Quatsch, Bruno.« Ihr Lachen hallte in dem Gewölbe wider. »Du hast mich auf eine prima Idee gebracht.«

»Idee, was für eine Idee? Soll das etwa heißen, daß du mich hier unten ...«

»Erraten, Bruno.«

»Aber das wäre – Mord.«

»Ach, ja?«

»Evelyn, das bringt dich hinter Gitter. Die Leute würden fragen, wo ich bin.«

»Welche Leute? Die Bauern und Fischer der Umgebung?«

»Unsere Bekannten zu Hause.«

»Aber die wissen doch, daß du noch ein wenig allein sein wolltest.« Sie lachte wieder. »Mein Flug geht morgen früh und deiner in drei Wochen. Und wenn du nach den drei Wochen nicht nach Hause kommst, werde ich dich natürlich suchen lassen. Hast du verstanden, Bruno? Nach drei Wochen, keinen einzigen Tag früher!«

»Du bist ja wahnsinnig!«

»Schrei nur, Bruno, hier hört dich niemand. Ich bald auch nicht mehr, ich fahre nämlich gleich los.«

Evelyns Kopf verschwand aus der Öffnung. Metall knarrte, der Lukendeckel senkte sich.

»Evelyn! Hörst du?« Mangler riß sich zusammen, weil sie seiner Stimme nicht die aufkeimende Panik anmerken sollte. »Da ist ein Fehler in deinem Plan – der Deckel. Man wird sich sagen, daß nur du die Zisterne abschließen konntest.«

Es wurde wieder hell über ihm.

»Wer spricht denn von abschließen, Bruno? Den Deckel lasse ich offen, raus kommst du so oder so nicht. Aber danke für den Tip!«

Deutlich vernahm er ihre Schritte auf der Veranda und dann, jedoch viel leiser, auf der Außentreppe. Jetzt ist sie dabei, den Regenzulauf auf der Dachterrasse zu verstopfen, sagte er sich. Klar, denkt sie daran. Ich selbst würde ja auch daran denken, und Eheleute haben nach jahrelangem Zusammenleben meist die gleichen Gedankengänge.

Nach einer halben Stunde hörte er, wie der Leihwagen gestartet wurde. Die Räder knirschten auf dem Schotterweg, das Motorbrummen verebbte, und danach war nur noch das Zirpen der Zikaden zu hören.

Mangler wartete noch eine kurze Zeit lang. Dann nahm er das Nylonseil von der Wand. Er hatte es dort vor Tagen befestigt, an einer Stelle, wo es von außen nicht zu sehen war. Das Seil hatte in Abständen von einem halben Meter Knoten und am Ende einen Haken, ähnlich einem kleinen Schiffsanker.

Er stellte sich unter die Öffnung, wirbelte den Haken,zielte, ließ los. An dem Klang merkte er, daß der Haken auf den Fliesen der Veranda aufgeschlagen war, nutzlos.

Bei dem vierten Versuch landete er weiter draußen und verfing sich irgendwo in den Büschen.

Der Rest war einfach. Ohne Mühe konnte er sich an dem Seil hochhangeln.

Eine Woche später lag für Mangler auf dem Postamt des Dorfes eine Karte: *Lieber Bruno, ich bin gut angekommen. Hier regnet es nahezu ununterbrochen. Ich beneide Dich ein wenig, denn Du sitzt dort unten im Süden. Gruß Evelyn.*

Zwei Tage darauf erhielt er einen Brief. Der Text steckte, obwohl unverfänglich im Wortlaut, voller Boshaftigkeiten, die nur das eine Ziel haben konnten, der Verfasserin allein durch das Niederschreiben eine heimliche Freude zu verschaffen.

Kernstück des Briefes war der Satz: *Du schreibst mir, daß Du jemanden gefunden hast, der Dir beim Reinigen der Zisterne helfen will. Bitte sei vorsichtig!*

Mangler ballte die Fäuste.

Am anderen Morgen erkundigte er sich bei einem Reisebüro. Da die Saison zu Ende ging, bekam er sogar noch einen Flug für denselben Nachmittag. Am Heimatflughafen nahm er ein Taxi. Er bezahlte den Fahrer zwei Straßenecken vor dem Haus, in dem er wohnte.

Während er sich eine Zigarette anzündete, spähte er die Hauswand hoch. Im fünften Stock, drittes Fenster von rechts, ging das Licht aus. Gleich darauf erschien hinter der Gardine eine Gestalt, die das Fenster öffnete, sich eine Weile hinauslehnte und wieder verschwand.

»Jetzt geht sie ins Schlafzimmer«, knurrte Mangler. Er

überquerte die Straße, schloß die Eingangstür auf und betrat das Haus.

Die Wohnungstür quietschte nicht, der dicke Teppich in der Diele schluckte die Geräusche seiner Schritte. Die Schlafzimmertür war nur angelehnt, ein schwaches Licht drang durch den Spalt. Mangler hielt den Atem an.

Evelyn lag im Bett. Sie hatte ihre Lesebrille auf, wirkte entspannt, selbstsicher und leicht amüsiert. Nie zuvor hatte Mangler seine Frau in einem solchen Zustand innerer Zufriedenheit gesehen. Zuerst dachte er, es sei ein Brief, womöglich ein Liebesbrief, was sie da las. Dann erkannte er jedoch, daß es eine Versicherungspolice war.

Er stieß die Tür auf. »Wirklich eine feine Lektüre!«

»Du, Bruno? «

»Ja, ich bin's, der Mann aus der Zisterne.«

»Aber wie ...?«

»Totgeglaubte leben länger«, antwortete er böse lächelnd und schwenkte das Nylonseil.

»Willst du mich umbringen?«

»Ja, Evelyn, später.« Gemächlich knüpfte er das Seilende zu einer Schlinge. »Sterben ist wahrscheinlich gar keine so große Sache«, sagte er betont tückisch. »Aber weißt du, was Todesangst ist? Nun, eine Hochhauswohnung kann so einsam und tödlich sein wie eine Zisterne, wenn man gefesselt und geknebelt ist und wenn der Ehemann für Wochen weit weg am Mittelmeer Urlaub macht.«

Er setzte sich in Bewegung. Sie war schneller. Mit einem Sprung war sie aus dem Bett. Sie rannte an ihm vorbei ins Wohnzimmer, schlug die Tür hinter sich zu und lehnte sich dagegen.

Ihre Kräfte reichten nur eine Minute, dann hatte Mangler die Tür aufgedrückt. Die Augen auf das Nylonseil gerichtet, wich sie vor ihm zurück, bis sie mit dem Rücken an die Wand stieß. Er sah ihre Lider flattern, nahm den rasenden Puls an ihrem Hals wahr. Gleich trifft sie der Schlag, dachte er.

Ich rufe den Notarzt, aber erst dann, wenn es zu spät ist.

Plötzlich bekam ihr Gesicht einen irren Ausdruck. Sie blickte zum Fenster und sprang, bevor er zugreifen konnte.

Auf der Straße, die vorher menschenleer gewesen war, stand nun eine Gruppe um den leblosen Körper auf dem Pflaster.

»Nicht ganz nach meinem Plan, doch auch gut«, murmelte Mangler. Er trat in den Raum zurück, nahm den Hörer ab und wählte die Nummer der Polizei.

Er wußte, es würden unangenehme Fragen auf ihn zukommen. Aber eine Million bekommt man eben nicht geschenkt.

Da kam ihm die Versicherungspolice in den Sinn, die Evelyn studiert hatte. Er ging ins Schlafzimmer, um sie wegzuschließen. Sein Blick fiel auf die Rückseite mit dem Kleingedruckten.

Eine Passage war angekreuzt: *Bei Selbstmord erfolgt keine Zahlung.*

Gunnar Schuberth

Die Spinne

Sie kamen gegen Mittag. Zwei Männer in Uniformen. Zwei Polizeioffiziere. Den älteren erkannte Beringer sofort wieder, und als er ihn sah, war es, als ob sich ein Abgrund unter ihm öffnete, die Angst schüttelte ihn, und er glaubte wieder den Schrei zu hören, den Schrei des Toten. Aber es tat sich kein Abgrund auf, der Mann stand vor ihm, lächelte und sagte: »Good Morning. My name is Rodriguez.«

Beringer saß auf dem Bett und starrte auf den Boden. Der Mann, der sich mit Rodriguez vorgestellt hatte, stand am Fenster, weil es nur einen Stuhl gab, auf dem der andere saß, ein junger Polizeioffizier, der die Fragen stellte.

Sie sprachen Englisch, aber der Polizist am Fenster sagte nichts, sah manchmal hinaus auf die Straße, wie einer, den das alles nicht interessierte. Doch aus den Augenwinkeln beobachtete er Beringer. Und Beringer bemerkte, wie die Angst langsam von seinem Körper Besitz ergriff, von seinen Händen, dem Klang seiner Stimme.

Ja, antwortete Beringer auf die Fragen, er sei aus Deutschland. Vor einer Woche sei er nach Buenos Aires gekommen und seit drei Tagen hier in diesem Hotel. Er wollte schon lange wieder weg sein, hätte geplant, zu den Wasserfällen von Iguazû zu fahren, aber dann habe ihn dieser Virus erwischt.

Der Beamte bat um seinen Paß, den er sorgfältig studierte. Und immer beobachtete ihn der andere. Beringer bemerkte erschreckt, daß er anfing, die Kontrolle zu verlieren. Seine Knie zitterten, der Schweiß stand auf seiner Stirn in kleinen feinen Perlen, aber das konnte auch die stickige Enge des Zimmers sein, die heiße Luft.

Dann klopfte es, und jemand bat die beiden Polizisten hinaus. Beringer war wieder allein. Er saß auf dem Bett und starrte auf die Wand, die zum Nebenzimmer führte, wo der Mord passiert war. Und dann sah er die Spinne. Sie war immer noch da. Sie war auch gestern dagewesen, die ganze Zeit. Beringer konnte nicht aufhören, daran zu denken, an gestern, an die Spinne.

Er hatte sie beobachtet, als er auf dem Bett gelegen hatte. Manchmal war sie über die Wand gekrochen, unendlich langsam, dann wieder stehengeblieben, hatte einfach an der Wand geklebt, stundenlang.

Den ganzen Tag hatte Beringer gestern die Spinne beobachtet. Er hatte auf dem Bett gelegen, auf einer zerschlissenen Matratze in diesem alten, billigen Hotelzimmer. Wenn man aus dem Fenster sah, blickte man auf eine belebte Straße. Dann war da noch das Waschbecken; aus dem Wasserhahn tropfte eine trübe, braune Flüssigkeit. Sonst war es still, nur das Tropfen des Wasserhahns.

Er hatte auf dem Bett gelegen, das monotone Tropfen gehört und der Spinne zugesehen, die sich manchmal für Sekunden vorwärts bewegte und wieder stehenblieb, ein schwarzer Fleck an der Wand. Aber er konnte die Augen nicht davon lassen. Und er begann Wetten abzuschließen, wettete mit sich selbst, daß sich die Spinne in den nächsten fünf Minuten bewegen würde, und er begann zu zählen, zählte, bis fünf Minuten vorbei waren, aber sie bewegte sich nicht, er hatte die Wette verloren.

Er war jetzt den dritten Tag hier. Vielleicht wäre es besser gewesen, zum Arzt zu gehen. In der Apotheke hatten sie ihm Tabletten gegeben, Tabletten gegen Durchfall, gegen Magenbeschwerden, aber nichts half. Und es war heiß. Er war nur mit einem Shirt und kurzen Jeans bekleidet, und die Hitze war wie ein zähflüssiger Brei, der durch den Raum waberte.

Der dritte Tag, und auch die Tage davor hatte er hier gelegen und auf das sinnlose Tropfen des Wasserhahns gelauscht, und die zähflüssige Hitze des Raums und der Schmerz zwischen seinen Schläfen machten es ihm unmöglich, aufzustehen und ein Handtuch unter den Wasserhahn zu legen, damit das Tropfen nicht mehr in seinem Kopf hämmerte. Er war müde und wollte schlafen, für immer daliegen und warten, bis die drückende Hitze ganz von ihm Besitz ergriff und er nur noch Bestandteil dieses Zimmers war, ein Geräusch, ein Körper, der atmete, ein Etwas, das auf dem Bett lag und sich nicht bewegte und wartete, daß die Zeit vorbeiging.

Dann hatte er die Stimmen gehört. Zwei Stimmen, die sich auf Spanisch unterhielten. Aber er konnte kein Spanisch. Zwei Männer im Nebenzimmer stritten sich, eine Stimme klang ruhig und bedrohlich, die andere Stimme war sehr aufgeregt.

Er schlug mit der Hand gegen die Wand, zweimal, aber die Stimmen hörten nicht auf. Und dann stand er auf und ging hinaus. Er stand im Flur, unschlüssig, es ging ihn ja nichts an, was da im Nebenzimmer vor sich ging. Hoffte, daß vielleicht ein anderer Hotelgast kam, der sich auch gestört fühlte, aber es war niemand zu sehen. Er ging bis vor die andere Tür, horchte einen Moment auf die Stimmen und hob schon eine Hand, um zu klopfen. Doch dann hörte er ein lautes Geräusch, und danach war es still. Es war mit einem Schlag so still, daß er sein Herz pochen hörte. Langsam ging er zu seinem Zimmer zurück, hielt die Hoteltür im Auge, und er sah, daß sich der Türknauf nach unten bewegte. Beringer ließ seine Tür einen Spalt auf, und langsam, ganz langsam, senkte sich der Türknauf, und dann öffnete sich die Tür, und ein Mann kam heraus, ging an Beringers Tür vorbei, und der Mann sah nicht das Auge hinter dem Türspalt, das ihn beobachtete.

Beringer war dann eingeschlafen. Er hatte unruhig geschlafen, bis er diesen Schrei hörte, den Schrei einer Hausangestellten, die den Toten entdeckte. Und er war noch schlaftrunken auf den Flur gestürzt. Und an der Tür zum Nebenzimmer, die offen stand, an die er nicht geklopft hatte, weil ihn das ja auch nichts anging, stand sie, die geschrien hatte, stand jetzt aber nur da und konnte den Blick nicht wenden von dem, was vor ihr lag. Dann sah er es auch. Der Tote lag zusammengekrümmt auf dem Boden, den Kopf seltsam nach vorne verrenkt, in einer Lache aus

Blut. Die Augen waren nach oben verdreht, der Mund war leicht geöffnet und sein Gesicht vor Schrecken verzerrt, als wollte er schreien, als hätte ihm der Tod jeden Laut abgewürgt. Und dieser stumme Schrei ging aus von seinem Gesicht, und Beringer hörte ihn plötzlich, hörte diesen Schrei von einem Toten, der in einer Lache voll Blut lag.

Die beiden Polizeioffiziere kamen zurück, und Beringer schreckte auf aus seinen Gedanken. Der jüngere Beamte entschuldigte sich lächelnd, daß es länger gedauert hätte. Und dann fragte er, ob Beringer etwas bemerkt hätte von dem Mord im Nebenzimmer, eine abschließende Frage, bevor sie wieder gehen würden: »Did you notice anything?«

Der Beamte wollte schon aufstehen, aber Beringer zögerte. Der Polizist glaubte, daß Beringer die Frage nicht richtig verstanden hätte, und fragte noch einmal: »Did you notice anything?«

Aber Beringer sagte nichts. Er dachte, daß der Tote nur ein Fremder für ihn war. Er hatte ihn nie vorher gesehen, hatte nichts mit ihm zu tun, hatte nur zufällig ein Zimmer neben ihm bewohnt. Er war nur ein deutscher Tourist. Ein junger Student, der das Abenteuer gesucht hatte, allein auf die große Südamerikareise gegangen und in einem billigen Hotelzimmer dem Tod begegnet war. Der Tod im Gesicht eines Ermordeten, der in einer Lache voll Blut lag. Der Tod in den Augen des Mannes am Fenster, der Beringer beobachtete. Er hatte in Beringer die Angst geweckt, eine Angst, die er vorher nicht gekannt hatte, eine elementare, körperliche Angst.

Und dann sah Beringer auf, sah zu dem Mann am Fenster, sah in seine Augen, die nichts verrieten, eine Leere, die ihn frösteln ließ in diesem heißen Zimmer, wo die Luft nicht reichte für drei, und er wußte, daß er nicht die Kraft haben würde, die Wahrheit zu sagen, sie auch später nicht sagen würde, wenn die Gefahr vorbei und er wieder in Deutschland sein würde; er würde es niemandem sagen, daß er ihn gesehen hatte, daß der Mann am Fenster der Mörder war.

Und das Schweigen des Mannes am Fenster verstärkte

seine Angst, machte ihn fast verrückt vor Angst, und Beringer sagte: »No, I didn't, I saw nothing at all.«

Beringer saß immer noch auf dem Bett. Die Polizeioffiziere waren schon lange gegangen. Beringer starrte auf die Spinne an der Wand. Er stand langsam auf, ging ganz nah an sie heran. Ihre Beine zitterten ein wenig durch seinen Atem, so nah war Beringer, aber sie bewegte sich nicht. Beringer nahm eine alte Zeitung vom Nachttisch und schlug die Spinne tot. Er schlug immer heftiger auf sie ein, schlug gegen die Wand, wo nur noch ein dunkler Fleck war, schlug solange, bis er außer Atem war.

Leo P. Ard

Das letzte Abenteuer

»Darf ich mich zu Ihnen setzen?«

»Bitte ... Machen Sie auch Urlaub hier?«

»Leider nein! Ich bin geschäftlich unterwegs. Eine Schande in dieser tollen Gegend!«

»Also, wenn Sie mich fragen: Ich finde es hier totlangweilig.«

»Das überrascht mich. Diese Berge, diese Seen ... Naja, abends und nachts ist nicht viel los, aber dafür ist es doch ganz erholsam — Sie lachen!?«

»Mich amüsiert Ihre Vorstellung von Urlaub. Sie ist so antiquiert, klingt ein bißchen nach Achtziger Jahre, als man mit Helikopter-Exkursionen im Himalaja noch imponieren konnte.«

»Das kann schon sein. Eine Gegend zum Wandern, Zeit für ein paar gute Bücher, eine delikate Küche — und ich bin glücklich.«

»Wird denn so etwas in den Reisebüros überhaupt noch angeboten?«

»Es gibt noch einige wenige Veranstalter für Erholungsurlauber. Früher war das anders!«

»Ich erinnere mich mit Schaudern daran. Warten Sie mal ... 1993 habe ich meinen letzten konventionellen Urlaub gemacht. Gott sei Dank wurde auf dem Rückflug von Colombo das Flugzeug entführt. Das brachte wenigstens ein bißchen Nervenkitzel. '94 war ich dann mit meiner Frau in Herzegowina. Sie wollte zwar unbedingt nach Somalia, eine Diät-Reise machen, aber das war mir zu öde. Lassen Sie mich überlegen ... '95 buchten wir drei Wochen bei den Roten Khmer, also das war Spitze!«

»Sie scheinen ein Freund von Abenteuerurlaub zu sein.«

»Es gibt nichts Besseres für die schönsten Wochen im Jahr. Einmal bin ich ausgeschert und habe mit TUI die 14-tägige Pauschalreise in der Raumfähre 'Challenger IX' gemacht. Ich sage Ihnen: nie wieder, das Essen war eine Katastrophe! Und nichts ist passiert, nicht mal ein Andock-Fehler!«

»Ich habe gelesen, es gibt jetzt ein Sonderangebot für den Winterurlaub: drei Wochen im Kessel von Stalingrad, natürlich ohne Verpflegung.«

»Das würde mich schon reizen, aber ich darf im Winter keinen Urlaub nehmen. Aber '96 habe ich etwas ähnliches gemacht. Ein nachgebautes Gefangenenlager der Japaner am River Kwai – nur vom Härtesten. Waren leider zu viele Engländer dabei. Man will sich ja nach 16 Stunden Arbeit im Dschungel auch mal mit Landsleuten unterhalten.«

»Ein Bekannter von mir hat kürzlich Survival-Ferien gebucht ...«

»Kenne ich! Ist auch nicht mehr das, was es früher mal war. Letztes Jahr habe ich eine Tour durch die Anden gemacht. Ich frage Sie, was soll das bringen, wenn nach vier Tagen schon das erste Dorf erreicht wird. Von den vierzehn Teilnehmern sind nur zwei ausgefallen. '97 war das noch anders. 55 Kilometer haben wir uns durch die Sahara geschleppt, jeder nur mit einer Wasserflasche. Acht Urlauber am Start, zu viert sind wir durchs Ziel. Da weiß man, was man geleistet hat!«

»Und welcher Urlaub hat Ihnen am meisten Spaß gemacht?«

»Also meine Frau würde sicherlich sagen: die Bootsfahrt mit dem gebrochenen Ruder in der Karibik. Wir kamen in einen Taifun und landeten auf dieser AIDS-Insel. Also, da kam Freude auf! Ich selbst kann das gar nicht so sagen. Dieser Wochenendtrip in die Bronx hatte was. Da habe ich mehr Blut und Wasser geschwitzt als seinerzeit in Afghanistan, als wir von den Mudschahedin gefangengenommen und zwei von unserer Reisegruppe als lebende Schutzschilder benutzt wurden.«

»Haben Sie denn gar keine Angst?«

»Ich bin Sachbearbeiter bei einer Bank. Sie können sich vorstellen, daß das ein totlangweiliger Job ist. Da braucht man in den Ferien den Kitzel der Gefahr, das Risiko, die Spannung, die Action. Man will sich doch was gönnen, wenn man das ganze Jahr für den Urlaub gespart hat. Einmal im Jahr will man sich doch auch beweisen, daß man noch ein ganzer Kerl ist!«

»Und jetzt sind Sie hier am Wörthersee. Wie paßt das zusammen?«

»Schon mal was von 'Killer-Tours' gehört?«

»Ja!«

»Na also, dann wissen Sie doch Bescheid! Sie buchen zwei Wochen und verschwinden – wohin immer Sie wollen! Die Agentur setzt einen Killer auf Sie an. Und wenn Sie nach zwei Wochen lebend zurückkommen, dann bekommen Sie nicht nur den vollen Reisepreis zurück, sondern auch noch gratis eine Gutschrift über eine Adventure-Reise zu einem Ziel Ihrer Wahl. – Übrigens: Darf ich Sie zu einem Glas Champagner einladen? In genau einer Minute ist nämlich die Frist um, und ich gehöre zu den wenigen, die es geschafft haben. Wahrscheinlich suchen die mich irgendwo in Australien, aber garantiert nicht in diesem gottverlassenen Kaff.«

»Nein, danke. Ich trinke nie im Dienst! Ich werde mir erst später einen guten Schluck gönnen, wenn ich meinen Auftrag ausgeführt habe.«

»Ach ja, Sie sind ja geschäftlich hier. Darf ich fragen, was Sie beruflich machen?«

»Natürlich. Ich arbeite bei 'Killer-Tours' ...«

Über die AutorInnen

Barbara Ahrens, 49, beneidet manchmal Leute mit »ordentlichen« Biografien. In ihrem Leben gab es viele Brüche: Orte wechselten, Berufe, Menschen. Alles fing damit an, daß sie unterwegs geboren wurde — auf der Flucht ihrer Mutter aus Danzig. Aufgewachsen in Hannover, wohnt sie seit langem in Süddeutschland, davon einige Zeit in München und Freiburg. Jetzt lebt sie in Ulm.

Tätigkeiten als Übersetzerin, Lehrerin, Journalistin und Putzfrau. Zum Krimi-Schreiben kam sie während zweier Jahre Urlaub vom Berufsleben. Derzeit unterrichtet sie Kinder aus Bosnien.

Sie schwärmt für belcanto, hat jedoch herzlich wenig übrig für südländische und andere Machos. Nachzulesen in ihren regelmäßigen Beiträgen für die feministische Presse.

Helga Anderle, waschechtes Weana Kind, aufgewachsen in Wien und Valencia (Spanien). Träumte in kindlichem Größenwahn von einer Karriere als Pianistin, Malerin oder Schriftstellerin. Verbrachte, das Gute in der Ferne suchend, einige Lehr- und Wanderjahre in Spanien, der Schweiz und Frankreich. Eignete sich dabei neben einem reichen Erfahrungs- auch einen gewissen Sprachschatz an und arbeitete danach bei internationalen Organisationen in Genf und Wien. 1972 in München zum ersten Mal Redaktionsluft geschnuppert, seither abwechselnd als Lohnschreiberin und Freie beim Gewerbe geblieben. Angesteckt von einem krimischreibenden Ehemann selbst der Mordlust verfallen.

Veröffentlichungen: *Da werden Weiber zu Hyänen* — Anthologie mit Kurzgeschichten von Krimiautorinnen aus aller Welt, 1991, Wiener Frauenverlag; 1993 als Taschenbuch bei dtv. Zahlreiche Erzählungen und Kurzkrimis in Literaturzeitschriften, Magazinen und Anthologien im In- und Ausland (Australien, BRD, CSFR, Bulgarien, Polen, Mexiko).

Mitglied der IG Autoren; European Coordinator der US-Sisters in Crime; Vizepräsidentin der AIEP (Internationale Organisation der Kriminalschriftsteller).

Leo P. Ard besitzt einen Paß auf den Namen **Jürgen Pomorin** und ist angeblich 1953 geboren. Er kann sich nicht entscheiden, ob er lieber in Bochum, Hamburg, Berlin oder Son Carrio/Mallorca lebt. Wenn er nicht zwischen diesen Orten hin- und herpendelt, schreibt er Drehbücher und Kriminalromane. Zusammen mit Reinhard Junge schrieb er *Bonner Roulette, Das Ekel von Datteln, Das Ekel schlägt zurück, Die Waffen des Ekels, Meine Niere, deine Niere,* zusammen mit Michael Illner *Gemischtes Doppel* und *Flotter Dreier*. Seine satirische Ader tobte er in *Die Miteßzentrale* aus (alles bei GRAFIT erschienen).

Annette Gilles, geboren 1960 in Bochum, studierte zunächst Germanistik und absolvierte eine Fremdsprachenausbildung. Nebenher jobbte sie als Theaterstatistin und Model auf Mode-Messen, arbeitete als Reporterin für eine große Tageszeitung und für Stadtzeitungen. Als bodenständiger Steinbock entschied sie sich dann aber für eine solidere Laufbahn: Sie wurde Mode-Einkäuferin bei einem großen Warenhaus-Konzern und lebte mehrere Jahre in Husum an der Nordsee und in München. Der Wunsch zu schreiben wurde schließlich immer stärker ...

Heute lebt Annette Gilles als Redakteurin in Frankfurt.

H. P. Karr & Walter Wehner, geboren 1955 in Saalfeld (Karr) und 1949 in Werdohl (Wehner), wuchsen beide im Ruhrgebiet auf. Während Walter Wehner in Essen in Kunstgeschichte promovierte, studierte H. P. Karr in Bochum Publizistik und arbeitete als Reporter, Redakteur, Übersetzer und Krimi-Autor. Unterdessen hatte es Wehner zu einer Tätigkeit in der Erwachsenenbildung gebracht und daneben mehrere Gedichtbände und Sachbücher veröffentlicht. Seit 1988 schreiben Karr & Wehner gelegentlich als Autorenteam Großstadtstories und Hörspiele. Weitere Geschichten von ihnen sind z. B. erschienen in *Der Mörder ist immer der Gärtner, Der Mörder bläst die Kerzen aus, Der Mörder zieht die Turnschuh an, Der Mörder packt die Rute aus* und *der Mörder schwänzt den Unterricht* (alle GRAFIT).

Thomas Kley, 1959 in Essen geboren, inzwischen lebhaft und wohnhaft im Bergischen Land – aber immer den Blick in Richtung Ruhr -, lebt von landschaftsgärtnerischer Tätigkeit. 1987 Mitbegründer der Essener Literaturzeitschrift *Jeder Art*.

Achim Koch kam 1960 im südlichen Ostwestfalen zur Welt. Seit 1985 lebt er in Köln. Bisher sind von ihm erschienen: *Gegenüber*, Geschichten (Odeon-Verlag 1992) und *Die Lederjacke*, Erzählung (Verlag Neues Literaturkontor 1992).

Claudia Koch, geboren 1965, von Beruf Speditionskauffrau, lebt mit Mann und Kind in Schwerte. Während der Babypause begann sie Kurzgeschichten und -krimis zu schreiben. Veröffentlicht sind ihre Texte in Anthologien der Gruppe »Schwerter Frauen schreiben«.

Michael Koglin wurde 1955 im schleswig-holsteinischen Büdelsdorf geboren. Er lebt und arbeitet als freier Journalist und Autor in Hamburg.

In seinem literarischen Gemischtwarenladen entstanden Drehbücher, Kindertheaterstücke, Kriminalstories und drei Bände mit Museumsreportagen.

Auf die Schulter geklopft wurde ihm mit dem Hamburger Kurzgeschichtenpreis 1989, dem Literaturförderpreis der Hansestadt Hamburg 1990, als Preisträger des Kunstpreises des Landkreises Ludwigshafen 1992 und des Drehbuchwettbewerbes der Hamburger Kulturbehörde 1992.

-ky ist das Pseudonym von Dr. **Horst Bosetzky**, der am 1.2.1938 in Berlin geboren wurde. Als Professor für Soziologie in Berlin sind von ihm diverse wissenschaftliche Veröffentlichungen (u. a. *Mensch und Organisation*, zus. mit P. Heinrich) erschienen.

Seit 1971 veröffentlichte er zahlreiche (zum Teil verfilmte) Kriminalromane (u. a. *Einer von uns beiden; Stör die feinen Leute nicht; Kein Reihenhaus für Robin Hood; Feuer für den Großen Drachen; Von oben herab*), Jugendromane (u. a. *Heißt du wirklich Hasan Schmidt?*), Bürokratie-Satiren (u. a. *Ich glaub', mich tritt ein Schimmel!*), Fernsehspiele (u. a. für die Serien *Detektivbüro Roth, Ein Fall für zwei* und *SOKO 5113*), Hörspiele und Kurzgeschichten.

1980 erhielt er den Preis für den besten deutschsprachigen Kriminalroman, 1988 den *Prix Mystère de la Critique* für den besten ausländischen Kriminalroman in französischer Sprache, 1992 den *Ehrenglauser* für sein Gesamtwerk und seine Verdienste um den deutschsprachigen Kriminalroman.

Conny Lens wurde am 10.3.1951 in Essen geboren. Er arbeitete als Angestellter, zuletzt im Bereich EDV und Organisation. Neben seiner Berufstätigkeit schrieb er Romane, Stories, Lyrik, Songs und Kabarett-Texte. Seit jeher der Kriminal-Literatur »verfallen«, wandte er sich dann hauptsächlich diesem Genre zu. 1986 gründete er den Hitzbleck-Verlag, in dem u. a. seine ersten Kriminalromane erschienen. Lebt seit 1989 als freier Autor in Datteln.

Romane: *Roter Fingerhut* (1986); *Kobermann* (1986); *Die Lesbe* (1987); *Die Sonnenbrillenfrau* (1990); *Ottos Hobby* (1990); *Herzchen Neukölln* (1991); *Casablanca ist weit* (1991); *Die Hand am Drücker* (1991); *Herzchen Neukölln II* (1991); *Silvi und Mokka* (1992); *Steeler Straße: Endstation Abendrot* (1992); *Verliebt in den Tod* (1994); *Floras Family* (1994).

Hörspiele u. a.: *Alexandra* (1990); *Zug um Zug* (1991); *Dreißigtausend* (1991); *Ostwind* (1992); *Der Tod des Schwiegervaters* (1991); *Angst?* (1991).

Drehbücher für Spielfilme und Serien, u. a. für *Der Fahnder* und *Wolffs Revier*.

Hartwig Liedtke, Jahrgang 1952, studierte Psychologie und Medizin. Er arbeitet heute als Chirurg in einer Kölner Klinik.

1991 erschien sein erster Kriminalroman *Klinisch tot,* 1993 folgte *Tod auf Rezept*. Für die Anthologie *Good bye, Brunhilde* (1992) steuerte er den Kurzkrimi *Traumurlaub* bei (alle Titel bei Grafit).

Karen Meyer, geboren im Jahr des Kennedy-Mordes in Neuss am Rhein, flüchtete von dort nach Tübingen, später nach Berlin und lebt nun in Lübeck. Sie arbeitet als Ausstellungsmacherin, Redakteurin sowie Autorin und schreibt unter anderem Kurzkrimis, z. B. *Das Ranglistenspiel* in *Der Mörder zieht die Turnschuh an* (1993), *Karibische Weihnacht* in *Der Mörder packt die Rute aus* (1993) und *Bei Bier und Bowle* in *Der Mörder schwänzt den Unterricht* (1994; alle bei Grafit).

Peter Minz, 31, ist, zumindest was Krimis angeht, Debütant; zwei frühere klitzekleine Veröffentlichungen sind eher dem Bereich Satire zuzuordnen.

Er schätzt die Verbindung von Thrill und Komik und hofft, irgendwann einmal vom Schreiben leben zu können.

Bis dahin wird er wohl oder übel weiterhin als Büromensch bei einer großen katholischen Wohlfahrtsorganisation sittsam und fromm Lohnarbeit leisten müssen.

Minz lebt abseits der Kulturmetropolen im Münsterland.

Gerhard Neumann, 1930 in Köthen/Anhalt geboren, seit einigen Jahren in Halle/Saale wohnhaft, war Schauspieler, Regisseur, Dramaturg, Filmdramaturg, Theaterintendant, Theater-Wissenschaftler, übersetzte aus dem Französischen, schrieb Stücke, Drehbücher, Texte, Romane sowie bisher acht Krimis – für die er die Stoffe nicht aus dem Leben griff, weil er meint, der Leser solle den ganzen Mist nicht im Buch ein zweites Mal vorfinden und sich doppelt ärgern.

Sally Plonskys Leben ist Schreiben, und Schreiben heißt für sie leben. Schreibend verändert sie für ihre Leser und für sich selbst die Realität. Manchmal gibt sie in Privatsendern irgendwelche klugen Worte von sich, hin und wieder bringt der WDR kleine Satiren. Hörspiele und Theaterstücke hat sie ebenfalls schon publiziert, und seit neuestem versucht sie sich im Drehbuchschreiben.

Nebenher bemüht sie sich, zumeist unwilligen Kindern ehrgeiziger Eltern die deutsche Sprache näher zu bringen, weil letztere gleich in Panik verfallen, wenn erstere zwei Jahre für jede Klasse benötigen.

Ihre Geschichte *Am Bahndamm spielen ist gefährlich*, veröffentlicht in *Der Mörder schwänzt den Unterricht* (Grafit, 1994), wurde 1993 mit dem Walter Serner-Preis ausgezeichnet.

Bernd Ross stammt aus Bardenberg in der Nähe von Aachen und wurde 1961 geboren. Nach dem Studium der Germanistik, Geographie, Geschichte, Romanistik, Politik und Pädagogik begannen für ihn die Wanderjahre, und er reiste um die Welt. Mittlerweile ist er mit seiner Familie in Harrislee (bei Flensburg) seßhaft geworden.

Andreas Schlüter kam in Hamburg 1958 ganz knapp nach dem Rock 'n Roll zur Welt und wird wie dieser nicht richtig älter; machte eine anständige kaufmännische Lehre in einem Versandhaus, das er gar nicht gut fand. Zog folglich aus, die Welt zu verändern. Natürlich vergeblich. Hat sie also lieber wieder interpretiert: in vielen kleinen Beiträgen für Zeitungen und Zeitschriften und fürs Fernsehen. Das macht er heute noch in Hamburg und der angeblichen Hauptstadt, unter dem schützenden Dach des merkwürdigerweise immer noch nicht berühmten Jorunalistenbüros SIGNUM. Seine erste Kriminalgeschichte *Nur eine Kleinigkeit* erschien in dem Sammelband *Der Mörder packt die Rute aus* (GRAFIT, 1993), die zweite *Tod nach Punkten* folgte in *Der Mörder schwänzt den Unterricht* (Grafit 1994).

Niklaus Schmid, 1942 in Duisburg geboren. Mit achtzehn mal beim Zirkus reingerochen, mit dreißig aus seinem Job als technisch-kaufmännischer Leiter in einer Wohnwagenfirma ausgestiegen und vier Jahre durch Indien, Afrika und Südamerika gereist; auf den Seychellen mit dem Schreiben angefangen.

Auf den Balearen einige Jahre als Journalist für lokale Zeitungen gearbeitet, danach hauptsächlich Kurzgeschichten, Reiseberichte und Hörspiele geschrieben.

Schmid ist Autor der Reisebücher *Balearen* und *Formentera* sowie eines Jugendbuchs, des Krimis *Die Wettreise* und der Krimistories *Italienische Maßarbeit* (in: *Geburtstags-Krimis*), *Notsignale* (in: *Sport-Krimis*), *Ein Weihnachtsmann auf Abwegen* (in: *Weihnachts-Krimis*) und *Einer fehlt für immer* (in: *Schul-Krimis*). Er lebt seit 1978 auf Formentera und ebenso gern – aber zeitlich etwas weniger – in Duisburg.

Gunnar Schuberth, geboren 1959 in Münchberg/Saale, wuchs in Hof auf, studierte Germanistik in Erlangen und wohnt seit 1983 in Nürnberg.

Seit 1983 tritt er regelmäßig auf Kleinkunstbühnen im nordbayerischen Raum zusammen mit dem Gitarristen Gerhard Bauer auf. 1988 erschien der Gedichtband *Die Hoffnung gibt mich nicht auf* im Plakaterie Verlag, Nürnberg.

1991 wurde Schuberth mit dem Autorenstipendium der Stadt Nürnberg für das Theaterstück *Lenk oder die Regeln des Kampfes* ausgezeichnet. Das Stück wurde im März 1993 am Städtebundtheater in Hof uraufgeführt.

Anfang 1990 gründete er die Drehbuchwerkstatt Nürnberg mit. Seit 1991 schreibt er satirische Beiträge für Zeitungen.

Gabriele Wolff, 1955 in Düsseldorf geboren, wanderte 1975 zwecks Jurastudiums nach Köln aus und arbeitet seit 1985 als Staatsanwältin in Duisburg. Beruflich aus diesem Landstrich nicht herausgekommen, bleibt sie auch schriftstellerisch im Rheinland und der bundesrepublikanischen Wirklichkeit verhaftet. Lebt mit Mann und Kater in Köln-Deutz, sammelt täglich neue Geschichten, die das Leben schreibt, und liefert den Beweis, daß das Beamtendasein nicht unbedingt etwas mit Ärmelschonern und Büroschlaf zu tun hat.

Veröffentlichungen: *Kölscher Kaviar* (Kriminalroman, 1990), *Himmel und Erde* (Kriminalroman, 1991), *Lover* (Kriminalgeschichten, 1992), *Armer Ritter* (Kriminalroman, 1993)

Siegfried Zadrazil oder Die Jagd nach der goldenen Schreibmaschine: Als er im Sommer 1963 in Wien die Welt bereicherte, gab es weder eine Sonnenfinsternis, noch schrie jemand: Das wird einmal ein Künstler. Als Baby hat er gierig seinen Brei verschlungen, später Bücher und dann das Leben. Doch weder seine Musik noch ein früher Tod machten ihn zu einer Rocklegende. Seine Schauspielkarriere verläuft 136 Breitengrade von Hollywood entfernt, und die einst so vielversprechende alte Schreibmaschine rostet langsam vor sich hin.

Und die Moral von der Geschicht: Computer klappern eben nicht!

Ard/Bieber/Breinersdorfer/ Diesmann/Eik/Flieger/Göhre/ Junge/Karr/Kehrer/-ky/Kuták/ Lens/Liedtke/Mohr/Nikula/ Randow/Schmidt/Illner/ Schumacher/Wehner/Wolf u.a.

Good bye, Brunhilde

Kriminalgeschichten

ISBN 3-89425-023-2

Jahrhundertelang konnten die Männer nach Herzenslust ihren Mordgelüsten frönen. Dann kamen die Frauenbewegung, die Gleichstellungsbeauftragten und die Frauenkrimis.
Von ihren Kaffeekränzchen und Selbsterfahrungsgruppen angestiftet, entledigen sich Frauen zumeist aus niedrigen Gründen ihrer Ehemänner oder Liebhaber. Männer dagegen morden immer aus edlen Motiven: aus Liebe zu einer schönen Frau, aus Achtung vor Edelmetallen und Wertpapieren, aus Verehrung höherer Prinzipien wie Nachruhm oder Vaterlandsliebe.
»Rache für Bruno. Wir lassen uns das Morden nicht verbieten!« So lautet die tapfere Botschaft von 24 Männern in einer Welt, die zunehmend von femininer Grausamkeit und matriarchalischem Gemetzel beherrscht wird.

grafit

Krimis von Gabriella Wollenhaupt

Grappas Versuchung

ISBN 3-89425-034-8 DM 14,80

»Ein spannender Stoff, eine köstlich ironische Auseinandersetzung mit der Region. Und wenn es der Autorin gelingt, die Figur der Maria Grappa mit all ihren Brüchen, Schrullen und Vorurteilen als Rolle zu verdichten, dann hat sie eine Kunstfigur geschaffen, mit der sie in weitere Abenteuer kriminalistischer und amouröser Art ziehen kann. Man darf auf den nächsten Roman gespannt sein.« (WDR)

Grappas Treibjagd

ISBN 3-89425-038-0 DM 14,80

Laura Gutweil, Psychologin und Therapeutin von sexuell mißbrauchten Mädchen, wird während einer Party ermordet. Reporterin Maria Grappa macht Jagd auf einen geheimnisvollen »Onkel Herbert«, der seit Jahren in Bierstadt im Verborgenen sein Unwesen treibt. In Lauras letzter Akte geht es um ein 10jähriges Mädchen, das Opfer von »Onkel Herbert« geworden ist.

Grappa macht Theater

ISBN 3-89425-042-9 DM 14,80

Nach der Premiere von Kleists »Zerbrochnem Krug« wird der Theaterkritiker Nello von Prätorius entführt und ermordet. Bei ihren Recherchen stößt Maria Grappa auf einen Geheimbund, der die Kulturszene in Bierstadt beherrscht. Ein Möchtegern-Intendant, der lokale Betroffenheitsschriftsteller, der zynische Kulturdezernent und die schöne junge Schauspielerin, die dem Mordopfer die letzten Wochen versüßt haben soll - sie alle sind verdächtig. Maria Grappa lernt die Vielfalt des städtischen Kulturlebens kennen: Opernbälle, Weinproben und Dichterlesungen.

grafit

Leo P. Ard/Jürgen Pomorin

Die Miteß-Zentrale

und andere unglaubliche Geschichten

94 Seiten, mit Fotos, gebunden, DM 18,00
ISBN 3-89425-015-1

Aus dem Inhalt:
Satanica 2000: Die Messe der schwarzen Messen
Das Ende der Einsamkeit: Die erste Miteß-Zentrale
»Outside«-Tourismus: Straßenkampf mit Vollpension
Newcomerin des Jahres: Mit Leserbriefen zum Erfolg
»Zum Wohl des Volkes«: Eine Bar erinnert an die DDR
Trabi-Nummer: Das ungewöhnlichste Bordell
Schandmaul-Verlag: »Die schönsten Auffahrunfälle«
Prominentenverleih: Egon Krenz im Sonderangebot
Aggressionspark: »Ich liebe die Rentner-Nummer«
Globale Probleme: Das Phänomen der Einzelsocke
Nach Wiedervereinigung: Wie rammelt der Ost-Hase?
Meinungsmacher: Quark oder Joghurt?

»...homöopathisch giftige Entzücklicka«
(Der Tagesspiegel)
»Phantasieprodukte am Rande der Realität«
(DER SPIEGEL)
»Stories, die zum Lachen reizen, auf daß einem dieses Lachen im Halse steckenbleibe« (WDR)
»...Geschichten wirken geradezu unglaublich, aber immer exzellent recherchiert«(NDR)

grafit